Die drei ??? *Kids*

Band 42

BOB ANDREWS
Alter:
10 Jahre
Wohnort:
Rocky Beach
Kennzeichen:
rotes Fragezeichen
Aufgaben:
Recherchen und Archiv
Hobbys:
Bücher lesen,
schreiben, Kino
Die Kaffeekanne,
das geheime Versteck der drei ???
???
Dieses Buch gehört:

Fußballgötter

Erzählt von Boris Pfeiffer

Mit Illustrationen von Kim Schmidt

KOSMOS

Umschlag- und Innenillustrationen von Kim Schmidt, Dollerup
Grundlayout von der Peter Schmidt Group, Hamburg
Umschlaggestaltung von Sigrid Walter, Würzburg

»Fußballgötter« ist der 42. Band der Reihe
»Die drei ??? Kids«.

Unser gesamtes lieferbares Programm und
viele weitere Informationen zu unseren Büchern,
Spielen, Experimentierkästen, Autoren
und Aktivitäten findest du unter **kosmos.de**

FSC www.fsc.org
MIX
Papier | Fördert
gute Waldnutzung
FSC® C014138

Gedruckt auf chlorfrei gebleichtem Papier

ISBN: 978-3-440-17543-9
Redaktion: Susanne Stegbauer und Leyla Navarro
Produktion: DOPPELPUNKT, Stuttgart
Druck und Bindung: Finidr, s.r.o., Český Těšín
Printed in Europe / Imprimé en Europe

Die drei ??? *Kids*

Fußballgötter

Unbekanntes Flugobjekt

»Jetzt schaut noch mal ganz genau zu und versucht, den Wurf nachzumachen!« Peter Shaw stand auf der Pitcher's Plate des Baseballfeldes und hielt seinen speckigen Lieblingsbaseball wurfbereit in der rechten Hand.

»Aber Peter!« Bob starrte auf seinen eigenen Baseball. »Du hast uns deinen berühmten Curveball jetzt bestimmt schon zehnmal vorgemacht. Und trotzdem erkenne ich einfach nicht, wie du dem Ball diese Drehung mitgibst. Dazu bräuchten wir eine Kamera mit mindestens hunderttausendfacher Zeitlupe.«

»So ist es!«, rief Justus Jonas, der Anführer der drei ???, der ebenfalls einen Baseball in der Hand hielt. »Deine Technik ist mit bloßem Auge nicht auszumachen. Außerdem reicht es doch, wenn einer von uns ein super Werfer beim Baseball ist. Bob und ich haben eben andere Qualitäten.«

»Erstens heißt es nicht Werfer, sondern Pitcher«, erwiderte Peter ungehalten. »Und zweitens ist Baseball nun mal der wichtigste Sport in den USA. Kommt schon, Freunde, so schwer ist mein angedrehter Wurf wirklich nicht!«

Justus stöhnte. »Okay, noch einmal, aber dann reicht es mir.«

Peter lachte munter. »Du könntest dein hervorragendes Gehirn auch mal im Sport einsetzen, Just! Vielleicht erfindest du eine neue Wurftechnik oder so. Okay, es fängt an mit dem High Leg Kick.« Peter hob das linke Bein fast bis zu seinen Schultern und stemmte sich dann, während er das Bein nach vorne stieß, mit dem anderen Bein fest in den Boden. Gleichzeitig holte er mit seinem Wurfarm aus und machte einen Riesenschritt nach vorne.

»Ich weiß«, murmelte Bob, »wir dürfen für den

Wurf keinen Anlauf nehmen, und ein Fuß muss auf dem Gummiviereck hier bleiben.« Er blickte auf die viereckige Hartgummiplatte, auf der er stand.

»Nicht Gummiplatte, Bob. Das ist die Pitcher's Plate«, rief Peter eindringlich. »Also, ihr macht den High Leg Kick, dann macht ihr den Schritt so groß wie möglich, damit ihr viel Schwung bekommt, und dann werft ihr! Los jetzt!«

Justus und Bob stöhnten und hoben beide gleichzeitig das linke Bein in die Höhe. Bob schaffte es fast so hoch wie Peter, aber Justus, der etwas rundlicher war als seine beiden Freunde, hatte Mühe, das linke Bein über Bauchhöhe zu bekommen. Immerhin standen die beiden jetzt jeder schwankend auf einem Bein in der kalifornischen Mittagssonne.

»Super, Freunde!«, rief Peter. »Und jetzt kommt die Hauptsache: der Wurf! Dafür dreht ihr den Oberkörper nach vorne, so schnell und kräftig wie ihr könnt, holt mit dem Wurfarm weit aus und feuert den Ball mit einem kleinen Dreh aus dem Handgelenk ab.« Peter machte es vor. Elegant flog sein Ball durch die Luft. Seine Flugbahn verlief zunächst ganz gerade. Aber plötzlich drehte sich der Ball nach links und senkte sich gleichzeitig ab.

»Sieht aus wie ferngesteuert«, murmelte Bob. Dann holte er selbst aus. Sein Ball flog auch ganz gerade los. Aber er war etwas langsamer als Peters und beschrieb am Ende so gut wie keine Kurve.

»Du hast die Rotation vergessen«, schimpfte Peter. »Ihr tut ja wirklich so, als hättet ihr noch nie einen Baseball geworfen. Das sind doch keine unbekannten Flugobjekte!«

»Ja, die Rotation, der Drall, die Drehung«, rief Bob. »Ich weiß. Aber ich kann es einfach nicht.«

Peter schüttelte den Kopf. »Los, Just, jetzt du!«

Justus straffte sich. »Hirn statt Muskeln«, befahl er sich. »Ich mache es genauso wie Peter. Ich gebe dem Ball im letzten Moment eine schöne Drehung mit, dann fliegt er, wie ich es will.« Justus hob das linke Bein seufzend noch etwas höher, holte Schwung, machte einen großen Schritt und schleuderte den Ball mit einer gewaltigen Drehung des Handgelenks los. Sein Ball flog gerade und beschrieb auch eine leidliche Kurve. Aber leider war Justus' letzte Bewegung so schwungvoll gewesen, dass sie ihn direkt nach dem Abwurf mitriss. Er verlor das Gleichgewicht und landete einen Augenblick später unsanft auf dem Hosenboden.

»Nicht schlecht, aber es wäre gut, wenn du nach dem Wurf stehen bleibst«, erklärte Peter gelassen.

»Ja, ja«, knurrte Justus und rappelte sich auf.

»Dafür habe ich eben zum ersten Mal gesehen, wie dich ein offenbar schwieriger Gedankengang aus der Bahn wirft, Just«, lachte Bob.

Justus drehte sich zu Bob, um zu antworten. Im selben Moment riss er die Augen auf. In hohem Bogen sauste ein schwarz-weißes Ding durch die Luft direkt auf ihn zu. Es war ziemlich schnell und eindeutig größer als ein Baseball. Automatisch streckte Justus abwehrend die Hände aus. Doch das Geschoss war bereits sehr nah, und so blieb dem Jungen nichts anderes übrig, als es mit einem entschlossenen Griff zu packen und dicht vor seiner Nase zu fangen. Erstaunt hielt Justus Jonas das Flugobjekt in Händen. Es war ein grasverschmierter, schwarz-weißer Lederball, fast so groß wie sein eigener Kopf. »Wo kommt denn dieser komische Ball her?«

»Das ist ein Fußball!«, rief Peter. »In Europa ist Fußball ein so berühmter Sport wie hier bei uns Baseball oder Football. Aber in Rocky Beach kenne ich keine Fußballspieler.«

In diesem Moment bemerkte Bob einige Jungen, die vom gegenüberliegenden Rasenplatz auf die drei ??? zuliefen. Sie wedelten aufgeregt mit den Armen und deuteten dabei auf Justus, der immer noch den Ball in den Händen hielt. Unsicher sah Justus seine Freunde an. »Fußball?«, fragte er. »Darf man da den Ball nicht mit den Händen fangen?«

Die Anden-Teufel

Die Fußballer stürmten auf die drei Freunde zu. Es war eine größere Gruppe Jungen. Alle waren etwa so alt wie die drei ???, und alle trugen das gleiche Trikot: ein gelbes Hemd, auf dessen Brust ein riesiger Vogel hockte. Er hatte ein regenbogenfarbenes Gefieder und einen weißen Pelzkragen um den nackten Hals.

Mit großen Augen starrte Peter den Jungen entgegen. »Was haben die denn da für ein seltsames Tier auf ihren T-Shirts?«, stieß er hervor.

»Wenn du nicht deine gesamte Hirnkapazität auf den Sport richten würdest, wüsstest du, dass es sich bei dem Vogel um einen Kondor handelt«, sagte Justus. »Und zwar, genauer gesagt, um den Anden-Kondor, der im Gegensatz zum Kalifornischen Kondor, keine schwarze, sondern eine weiße Halskrause sein Eigen nennt. Er hat die größte Flügelspannweite aller Vögel und kann angeblich bis zu sieben Kilometer hoch in die Luft steigen.«

»Danke, du wandelndes Lexikon«, gab Peter zurück.

Im selben Moment hatten die Fußballer sie erreicht. Der kleinste von ihnen, ein zierlicher Junge mit dichten schwarzen Locken, trat sofort auf Justus zu. »Fantastisch, wie du den Ball gefangen hast. Wirklich super! Spielst du schon lange Fußball?«

Überrascht sah der Anführer der drei ??? den lockigen Jungen an. Obwohl Justus kein absolut unsportlicher Junge war, zählten Ballspiele nicht zu seinen Hauptinteressen. »Äh, nein«, rang er sich schließlich ab. »Ich halte es mehr mit den Denksportaufgaben. Fußball habe ich noch nie gespielt.«

»Das gibt es doch nicht«, rief ein anderer, hochaufgeschossener Junge. »Das war perfekt, wie du den Ball eben gefangen hast. Annahme mit beiden Händen, dann sicher an die Brust gezogen und anschließend fest umklammert. So machen das nur sehr gute Torsteher.«

»Torsteher?«, fragte Bob verwundert.

»Der Torwart, der Keeper, der Schlussmann, der Torhüter, die Nummer Eins!«, rief der lange Junge. »Der einzige, der den Ball im Spiel mit der Hand berühren darf. Habt ihr wirklich noch nie Fußball gespielt?«

Peter schüttelte den Kopf. »Wir haben hier gerade Baseball geübt.«

»Ach ja, wie alle amerikanischen Kinder«, seufzte der kleine Lockenkopf. »Aber Fußball ist doch viel besser.«

Justus fand langsam Gefallen an der Sache. »Wir haben noch nie jemand in Rocky Beach getroffen, der Fußball spielt. Und euch kennen wir auch nicht. Wer seid ihr denn, und was treibt euch her?«

»Na hör mal, wir sind die Anden-Teufel. Das sieht man doch.« Der kleine Junge reckte stolz seine Brust. »Wir kommen fast alle aus Los Angeles, aber dieses Jahr findet die Coppa Cuichi hier in Rocky Beach

statt. Unser Torwart lebt hier, Rodrigo Benitez. Sein Vater ist Fischer.«

»Der alte Benitez?«, rief Peter. »Natürlich! Ihm gehört die Donna Rosa, ein schöner, alter Fischerkahn.«

»Das stimmt«, nickte der größere Junge. »Aber Rodrigo ist vor ein paar Tagen auf dem Schiff gestolpert und hat sich einen Arm verstaucht. Das ist für ihn und uns alle eine ziemlich blöde Situation. Wir spielen hier nämlich übermorgen das Endspiel.

Und er sollte im Tor stehen. Rodrigo ist der beste Torwart aller Zeiten.«

»Paolo hat recht«, fügte der Kleine hinzu. »Ohne Rodrigo sind wir aufgeschmissen. Wir stehen das erste Mal im Endspiel und haben seit zwei Tagen keinen Keeper mehr.«

»Was ist denn diese Coppa Cuichi?«, wollte Bob wissen.

Der kleine Lockenkopf sah fragend zu seinem hochgewachsenen Freund hinüber. Der musterte die drei ??? einen Moment schweigend. Dann sagte er leise: »Los, Leandro, sag es ihnen. Vielleicht hat der Fußballgott ja recht.« Leandro nickte entschlossen. Dann sagte er: »Die Coppa Cuichi ist ein Fußballturnier, das wir jedes Jahr austragen. Alle, die mitmachen, sind Südamerikaner, deswegen kennt ihr es wahrscheinlich nicht. Fußball ist für uns ein echtes Lebenselixier. Schon unsere Eltern haben es mit Leidenschaft gespielt. Bei dem Turnier geht es um den Pokal unseres Fußballgottes Cuichi. Die Figur steht das ganze Jahr in einem Tempel in L.A., aber für das Endspiel wird sie auf den Fußballplatz getragen.« Leandro schwieg. Dann fügte er leise hinzu: »Wir waren gestern bei Cuichi im Tempel und haben ihn um Hilfe gebeten, nachdem Rodrigo sich verletzt hat. Und er hat uns gesagt, dass wir heute einen neuen Torwart finden werden.«

»Der Fußballgott hat zu euch gesprochen?«, rief Peter verblüfft.

»Das hat er«, sagte der große Paolo ernsthaft. Peter schluckte. »Aber hier spielt niemand Fußball.«

»Es ist unsere einzige Chance«, sagte Leandro. »Es ist ein Notfall. Eigentlich dürfen in unserer Mannschaft nur südamerikanische Jungen spielen. Aber Cuichi hat uns geweissagt, dass wir hier auf dem Sportplatz einen Jungen treffen werden, der für Rodrigo einspringen darf. Ein Junge aus Rocky Beach.« Plötzlich sahen Leandro und all die anderen Fußballer Justus an, der immer noch den Ball in seinen Händen hielt. Paolo blickte Justus direkt in die Augen. »Und es sieht so aus, als hätte Cuichi sich nicht geirrt. Wenn du alle Bälle so fängst wie diesen hier, dann bist du ein guter Torwart. Die Legende stimmt wohl doch.«

Justus blickte auf den grasverschmierten Ball in seinen Händen. »Was für eine Legende? Nein, nein, ihr täuscht euch! Ich habe so einen Ball gerade zum ersten Mal gefangen ...«

»He, Dickerchen«, ertönte in diesem Augenblick eine grobe Stimme. Die Anden-Teufel und die drei ??? fuhren herum. Am Rande des Feldes stand Skinny Norris, der Erzrivale der drei ???. Er trug ein gelbes T-Shirt, auf dem sein Name und eine dicke Eins aufgedruckt waren. »Was macht ihr drei Schnüffler denn hier?«, fauchte Skinny. »Ihr habt doch keine Ahnung vom Fußballspielen! Ich dagegen trainiere seit Jahren und bin der beste Keeper, den es in ganz Rocky Beach gibt.«

Verblüfft sah Justus den etwas älteren Jungen an. Wo Skinny Norris auftauchte, da lauerten Ärger und Verdruss. Aber diesmal war sein Erscheinen wirklich besonders merkwürdig. Skinny spielte angeblich Fußball und tauchte genau in dem Moment auf, als die Fußballmannschaft der Anden-Teufel einen neuen Torwart suchte?! In Justus Jonas' Kopf flammten sämtliche Alarmsignale auf. Schnell warf er Peter und Bob einen Blick zu. Dann sagte er laut: »Skinny, wenn du wirklich so ein guter Fußballtorwart bist, wie du behauptest, bist du ja sicher bereit, eine Runde mit uns zu spielen. Ich bin sehr neugierig, was du kannst. Und ich würde gerne in einem Fußballspiel gegen dich antreten.«

Hirn statt Muskeln

»Aber Just, du hast doch noch nie Fußball gespielt!« Bob sah ratlos auf die beiden Tore, welche die Anden-Teufel auf dem Rasenplatz aufgebaut hatten. Auch Peter schluckte. »Das sind echt große Dinger. Da musst du über ganz schön Sprungkraft verfügen, damit kein Ball reinfliegt.«

Justus nickte. »Ich habe aber gerade eben den Ball auch sauber gefangen. Schließlich kann ich es ja mal probieren. Und außerdem scheint es sich hier nicht bloß um ein Fußballspiel, sondern darüber hinaus auch noch um eine geheimnisvolle Angelegenheit mit Weissagung und Legende zu handeln. Das, Freunde, ist in jedem Fall äußerst erforschenswürdig!«

»Erforschenswürdig?« Peter schüttelte den Kopf.

»Du wirst gegen Skinny gleich ganz schön ins Schwitzen kommen bei deiner Erforschung.«

»Bist du soweit, Justus?« Paolo kam angelaufen. »Hier wird übermorgen auch das Finale stattfinden. Dies sind die originalen Fußballtore. Und diesen Kasten musst du sauberhalten, Keeper!« Er lachte dem Anführer der drei ??? aufmunternd zu.

Kurz darauf standen die Anden-Teufel bereit. »Wir bilden zwei Mannschaften und spielen zweimal zehn Minuten«, erklärte Leandro. »Dann werden wir sehen, wer von euch beiden der bessere Torwart ist.«

»Das könnt ihr euch sparen«, höhnte Skinny und zog ein paar nagelneue Torwarthandschuhe aus der Tasche. »Das Dickerchen hält keinen Ball, ich dagegen werde alle halten!«

»Findet ihr es nicht auch merkwürdig, dass Skinny hier zum Fußballspielen auftaucht?«, flüsterte Justus seinen Freunden zu. »Wir müssen herausfinden, was er wirklich will! Lasst ihn uns ein wenig reizen, vielleicht verplappert er sich.« Er wandte sich Skinny zu. »Seit wann bist du denn ein Fußballer, Skinny?«

»Seit ich denken kann!«, antwortete Skinny.

»Ach so!«, sagte Justus. »Dann kann das noch nicht sehr lange sein. Im Allgemeinen wirkst du ja eher wie jemand, der gar nicht gerne nachdenkt.«

Skinny wurde puterrot. »Was weißt du denn schon, du neunmalkluger Superangeber?! Wenn ich das Finale hier gewinne, halte ich den schönsten aller Pokale in den Händen, die Statue des Cuichi!«

»Woher kennt er den Pokal?«, flüsterte Peter. »Und woher weiß er von dem Finale?«

»Ja, das ist seltsam«, murmelte Bob leise. Laut sagte er: »Aber Skinny, was willst du denn mit einem Pokal, der das ganze Jahr über in einem Tempel steht. Hingehen und ihn anbeten?«

Doch Skinny gab keine Antwort, sondern kniff nur finster die Augen zusammen. »Ihr Schnüffler, jetzt spielen wir erst mal, bevor ihr eure Klappen noch weiter aufreißt!« Er wandte sich ab und stolzierte in das gegenüberliegende Tor.

»Wieso interessiert sich Skinny für den Pokal der Coppa Cuichi?«, fragte Peter.

»Das werden wir herausfinden«, gab Justus zurück. »Aber jetzt muss ich mich zuerst meiner neuen sportlichen Aufgabe widmen.« Justus ging zu Leandro, sprach mit ihm und stellte sich dann in das sehr breite und hohe Tor. »Okay! Ich bin bereit.«

Leandro legte sich den Ball zurecht. »Ich mache mal ein paar Probeschüsse. Der Ball darf nicht über die Torlinie, sonst ist es ein Tor. Klar?«

Justus nickte. Im Gegensatz zu Skinny hatte er keine Handschuhe. Der Ball war ziemlich hart, und es tat etwas weh, wenn er ihn abbekam. Aber der Anführer der drei ??? ließ sich nichts anmerken. Er fing die von Leandro geschossenen Bälle sicher oder faustete sie weg, wenn er sie nicht festhalten konnte. Nach einigen Schüssen merkte Justus, dass ihm die Sache Spaß machte. Er entwickelte den Ehrgeiz, keinen einzigen Ball durchzulassen, fast so, als würde er einem wichtigen kriminalistischen Gedanken auf die Spur kommen und sich an ihm festbeißen. »Spielt doch mal richtig«, rief er Paolo und Leandro übermütig zu. »Ich will sehen, wie es ist, wenn so ein Fußballspiel im Gange ist.«

»Einverstanden«, sagte Leandro und bestimmte drei Verteidiger. Er selbst und Paolo bildeten den Angriff. Auf der anderen Seite des Feldes übten die übrigen Anden-Teufel mit Skinny, der sich ebenfalls voller Eifer nach den Bällen warf, die auf sein Tor zugeflogen kamen.

Justus merkte sofort, dass ein richtiges Spiel etwas ganz anderes war, als ein einzelner Schuss aufs Tor. Leandro und Paolo spielten sich den Ball zu und versuchten, dabei so dicht wie möglich an das Tor heranzukommen. Kaum öffnete sich zwischen den Verteidigern eine Lücke, schossen sie den Ball flach oder hoch aufs Tor. Einfach nur dastehen und den Ball fangen half da nicht mehr. Justus musste den Ball mehrere Male aus dem Netz holen, bevor er begriff, was er falsch machte. »Hirn statt Muskeln«, befahl er sich. Er musste die Lücken, die seine Abwehrspieler vor ihm ließen, als Torwart selber schließen. Wenn es ihm gelang, die Flugbahn des Balles zu berechnen, und er sich immer rechtzeitig dorthin stellte, wo der Ball durchkommen würde, war es für die Angreifer schwieriger, ein Tor zu machen. Ein Torwart durfte nicht steif auf der Stelle stehen, er musste sich bewegen. Sein Gedankengang war von unmittelbarem Erfolg gekrönt. Justus hüpfte wie ein Gummiball zwischen den beiden Torpfosten hin und her, und plötzlich hatten es Leandro und Paolo wesentlich schwerer, den Ball ins Tor zu schießen.

Erstaunt sahen Peter und Bob ihrem Freund dabei zu, wie er sein kluges Stellungsspiel aufzog und anfing, aus dem Tor zu laufen und den Winkel zu verkürzen. Dann rief Justus plötzlich den Verteidigern vor ihm etwas zu und gestikulierte wild.

»Was macht er denn jetzt?«, fragte Peter erstaunt.

»Er dirigiert seine Mannschaft«, gab Bob zurück. »Das ist schlau. Er sagt ihnen, wo sie aufpassen sollen oder wann sie angreifen müssen. Er organisiert die Abwehr!«

»Ich fasse es nicht«, stöhnte Peter. »Ich dachte, er kommandiert nur uns herum. Aber nach zehn Minuten Fußballtraining ist es mit den Spielern hier genau dasselbe.«

In diesem Moment hielt Leandro inne und holte zum Schuss aus. Der Ball flog an seinem Abwehrspieler vorbei flach auf das Tor zu. Justus hatte genau auf Leandros Fuß geachtet. Er machte sich lang und sprang nach dem Ball.

Doch er konnte ihn nicht mehr fangen, sondern den Schuss nur noch mit den Fingerspitzen ablenken. Der Ball schlug gegen den Pfosten, rutschte von dort ab und trudelte dann ins Tor. »So ein Mist!«, schimpfte Justus und rappelte sich mühsam wieder auf.

»Nein«, sagte in diesem Augenblick Leandro und half Justus mit ausgestreckter Hand auf die Beine. »Das war eine super Reaktion. Der Rest war Pech. Das gibt es immer. Aber du hast verstanden, was ein guter Torwart können muss. Du bist ein kluger Kopf, und das Spiel macht dir Spaß, oder?«

Justus grinste. »Ja«, sagte er dann. »Ich hätte nie gedacht, dass ein Sport, der nach dem untersten Teil des Körpers benannt ist, so viel mit dem Sitz der kleinen grauen Zellen oben im Kopf zu tun hat.« Er drehte sich zu Peter und Bob um. »Und ich muss sagen, bei aller Liebe zum Baseball, Fußball scheint doch eher ein Sport für mich zu sein!«

Nummer Eins

»Dann lasst uns jetzt spielen!«, rief Paolo. »Fünf gegen fünf und die beiden neuen Keeper!«

Auf der anderen Seite des Platzes stellte sich Skinny breitbeinig ins Tor. »Gib doch gleich auf«, rief er höhnisch.

Justus tat so, als hätte er nichts gehört. Stattdessen wandte er sich Peter und Bob zu. »Skinny ist bestimmt mit seinem Mofa hier. Schaut doch mal unauffällig, ob ihr es findet, und ob dort irgendein Hinweis zu finden ist, warum er wirklich hier ist.« Seine Freunde nickten und verließen das Spielfeld.

In den nächsten Minuten lernte Justus Jonas das wahre Fußballspiel kennen. Er bekam dabei zunächst weniger zu tun, als er gedacht hatte. Die Spieler der Anden-Teufel jagten sich den Ball immer wieder gegenseitig ab und leiteten direkt aus der Verteidigung einen Gegenangriff auf das gegnerische Tor ein. Justus musste in den ersten paar Minuten lediglich zwei gefährliche Bälle halten. Und das gelang ihm jedes Mal gut. Den ersten fing er aus der Luft. Den zweiten begrub er unter sich, als einer der Spieler flach und scharf auf sein Tor schoss. Zum Glück kam der Ball ziemlich gerade auf Justus zu, sodass er sich einfach auf ihn fallen lassen konnte.

»Pass auf, dass der Ball nicht platzt! Wenn du ihn zerquetschst, ist das Spiel gelaufen«, brüllte Skinny böse von der anderen Seite des Platzes. Justus biss sich auf die Lippen. Was Skinny da sagte, war wirklich gemein. Aber es gelang dem Anführer der drei ???, einen kühlen Kopf zu bewahren. Schnell rollte er den Ball Leandro zu. Dieser lief ein paar Meter auf der rechten Außenbahn und gab ihn dann ins Mittelfeld ab, wo einer seiner Freunde ihn sofort wieder zu Leandro zurückschoss. Dieser war inzwischen weiter vorgelaufen und tauchte nun mit dem Ball dicht vor Skinny im Strafraum auf. Justus hielt die Luft an. Leandro holte mit dem Fuß aus. Aber Skinny war schnell. Er sprang mit weit ausgebreiteten Armen auf Leandro zu und brüllte dazu aus voller Kehle: »Buh!« Leandro zuckte zusammen und verlor den Ball, den Skinny ihm schnell wegschlug.

Paolo, der dicht vor Justus stand, schüttelte den Kopf. »Das war nicht fair.«

»Darf man das überhaupt?«, fragte Justus.

Paolo zuckte die Schultern. »Eigentlich nicht. Aber wenn kein Schiedsrichter oder keine Schiedsrichterin dabei ist, kann man nichts machen. Es passiert immer mal wieder, dass ein Spieler aus der

gegnerischen Mannschaft dir eine Gemeinheit zuruft. Und in der Not, bevor man ein Tor kassiert«, grinste Paolo, »da kann man schon mal ›Buh!‹ rufen, oder?«

Justus lachte. Doch kurz darauf war er wieder im Spiel gefragt. Im nächsten Moment brach nämlich einer der Gegenspieler durch Justus' Abwehr und kam mit dem Ball am Fuß direkt auf den neuen Torwart zu. Justus überlegte fieberhaft. Der andere konnte hoch oder flach schießen, aber welche Variante würde er wählen? Justus entschied, dass er solange warten musste, bis er sah, was der Angreifer tat. Scheinbar seelenruhig stand er da. Und seine Taktik hatte Erfolg. Als der Angreifer sich zum Schuss entschloss und den Ball hob, machte Justus sich lang und fing ihn ohne große Anstrengung aus der Luft. Anerkennend nickte der Stürmer. »Gute Reaktion!«

Dann waren die ersten zehn Minuten vorüber, und die Mannschaften wechselten die Seiten. In der zweiten Halbzeit bekam Justus wieder ein paar

Schüsse aufs Tor, die er aber allesamt parierte. Leider fiel auch auf der Gegenseite kein Tor. Justus musste anerkennen, dass auch Skinny ein ziemlich guter Keeper war.

Schließlich brachen die letzten Minuten an. Wieder kam der Angreifer, der es zuvor mit einem Heber versucht hatte, auf Justus zu. Aber diesmal schoss er schnell und flach. Justus sah, dass er den Ball mit den Händen nicht mehr erreichen konnte und machte einen verzweifelten Spagat. Mit der Fußspitze erwischte er den Ball, der gegen den Pfosten schlug. Justus schnaufte. Hoffentlich trudelte er nicht wieder ins Netz. Er blickte hinter sich. Doch diesmal hatte er Glück. Der Ball ging vom Pfosten ins Aus.

»Das Glück des Tüchtigen«, rief Leandro. »Siehst du, Justus, mal ist es so und mal so. Ecke!«, rief er dann laut. »Und danach ist Schluss.«

Während der Spieler, der die Ecke schießen sollte, an die Seite lief, kam Skinny aus seinem Tor und stellte sich dicht vor Justus in den Strafraum. Er war gut einen Kopf größer als dieser. »So, Dicki, da meine Leute es bisher nicht geschafft haben, den Ball an dir vorbeizuschieben, werde ich das jetzt persönlich übernehmen. Mach dich bereit für deine größte Niederlage.«

Justus biss die Zähne zusammen. Er sah, wie hinter dem Tor Peter und Bob angelaufen kamen. Die beiden wirkten aufgeregt, aber Justus konnte sich jetzt nicht darauf konzentrieren. Denn im selben Moment kam der Eckball auch schon in den Strafraum geflogen. Und er kam direkt auf Justus und Skinny zu.

Skinny ist größer als ich. Er kommt mit dem Kopf an den Ball, dachte Justus verzweifelt. Es sei denn ... Schnell machte er zwei Schritte auf den Ball zu und sprang mit aller Kraft nach oben. Und es gelang. Er bekam den Ball mit den Fingerspitzen zu fassen und schnappte ihn sich wie die Katze eine Maus. Im nächsten Moment landete Justus wieder auf dem Boden und merkte, wie seine Beine unter ihm nachgaben. Hauptsache, den Ball festhalten, dachte er.

Doch in diesem Moment spürte er einen Fuß, der kräftig gegen den Ball in seinen Armen trat.

»Schluss jetzt mit dem Theater, Dicki, das ist mein Tor!«, rief Skinny böse. Der Ball löste sich aus Justus' Griff und flog in die Maschen. »Tooor! Gewonnen! Hurra!«, brüllte der Erzrivale der drei ???. »Und das Dickerchen liegt am Boden!«

Doch keiner der Anden-Teufel jubelte mit. Im Gegenteil, alle sahen Skinny schweigend an. »Das war ein grobes Foul«, sagte Paolo schließlich. »Wenn der Torwart den Ball in den Händen hat, darf man ihn nicht mehr schießen.«

»Er hatte ihn doch nicht in den Händen«, brüllte Skinny. »Er hat sich nur mit dem Ball auf dem Boden herumgewälzt.«

Aber Leandro schüttelte den Kopf. »Du bist kein fairer Spieler. Du bist nicht der richtige Torwart für uns. Justus soll unser Torwart sein.« Die Spieler der Anden-Teufel sahen sich an, und alle nickten.

»Aber ich bin viel besser, ich bin der Beste!«, rief Skinny. Doch die Anden-Teufel schoben ihn zur Seite. »Danke, dass du mitgemacht hast, aber wir haben unsere Wahl getroffen.« Damit ließen sie Skinny stehen und umringten Justus. »Willkommen bei den Anden-Teufeln«, rief Leandro. »Wenn du willst, dann bist du übermorgen im Finale unsere Nummer Eins.«

Fußballtempel

Justus verabredete sich für den kommenden Tag mit den Anden-Teufeln zum Training, dann stand er schließlich mit Peter und Bob alleine am Rande des Sportplatzes.

»Wir haben tatsächlich etwas gefunden«, berichtete Bob aufgeregt. »Skinny hatte eine Karte von Los Angeles hinten auf sein Mofa geklemmt. Und darauf war eine Stelle rot markiert.«

Justus sah erstaunt auf. »In Los Angeles? Doch nicht etwa der Tempel, von dem die Fußballer gesprochen haben?«

»Du hast ins Schwarze getroffen, Just«, bestätigte Peter. »Es sieht ganz so aus, als wäre Skinny dort gewesen.«

»Vielleicht hat ja der Fußballgott Cuichi auch zu ihm gesprochen?«, rätselte Bob. »Das würde zumindest erklären, warum er unbedingt hier mitmachen wollte.«

»Also, dass Skinny in einem Fußballtempel die Erleuchtung erfährt, kann ich mir nicht vorstellen«, sagte Justus ernst. »Denn erstens hätte er das sagen können, und zweitens glaube ich nicht daran, dass eine Götterstatue zu Menschen spricht. Nein, Freunde, da gibt es ein Geheimnis. Deswegen schlage ich vor, dass wir uns selber ein Bild von diesem Tempel machen. Es ist jetzt halb zwei. Wenn wir uns gleich auf den Weg machen, erreichen wir noch den Zwei-Uhr-Bus nach L.A.«

Eine Stunde und einen kurzen Fußmarsch später standen die drei ??? vor einer ganz aus Holz gebauten Villa an der South Orange Grove Avenue.

»Wisst ihr, dass wir hier auf der alten Millionärsmeile gelandet sind?«, fragte Justus, während er die dreistöckige Villa musterte.

»Schick ist es jedenfalls«, stimmte Peter zu. »Auch wenn das Haus etwas verfallen wirkt.«

Bob nickte. Die Straße vor der Villa war von Palmen gesäumt, und in den Vorgärten blühten Magnolien. Er zeigte auf einen säulengestützten Pavillon mit einer Kuppel neben der Villa. »Ja, hier haben bestimmt mal sehr reiche Leute gewohnt.« Justus trat vor das Eingangstor. Neben der Klingel war ein Schild angebracht: Heimattempel Pachamama Pachatata.

»Was soll das denn bedeuten?«, rief Peter. In diesem Moment lachte eine unsichtbare Stimme vor den drei ??? auf. Alle drei zuckten erschrocken zusammen. Doch dann trat ein kleiner Mann in einem bunten Poncho hinter dem Magnolienbusch hervor. Er hielt eine Gartenschere in der Hand. »Guten Tag!«, sagte er. »Pacha heißt Erde. Und Mama und Tata sind Mutter und Vater. Sie sind das

Heimattempel
Pachamama
Pachatata

Götterpaar aus unserer Heimat in den Anden, dem zu Ehren wir den Tempel hier gegründet haben. Aber was führt euch hierher?« Der Mann musterte die drei ??? freundlich.

»Guten Tag«, antwortete Justus höflich. Dann berichtete er von seinem Spiel mit den Anden-Teufeln. Der Mann sah ihn überrascht an. »Du bist das? Die Kunde von dir hat bereits die Runde gemacht. Ich bin Leandros Vater. Und es freut mich, dass du den Weg zu uns gefunden hast.«

Der Mann winkte sie näher heran. »Ihr wollt euch bestimmt den Pokal ansehen! Kommt ins Haus! Ich werde euch Cuichi zeigen, den Gott des Regenbogens und hier bei uns in den USA auch unser Gott des Fußballs. Ihr müsst wissen, dass unsere Vorfahren ihn bei der Einwanderung mitgebracht haben.«

»Was ist denn das für eine Legende, die sich um Cuichi rankt?«, wollte Justus wissen.

»Ach, nicht so wichtig«, murmelte Leandros Vater.

»Hoffentlich nichts Gefährliches?«, rief Peter.

»Gefährlich? Nein, nein«, gab der Mann zurück.

»Aber seht selbst.« Er führte die drei ??? durch eine große Holztüre ins Innere der Villa. Im Haus war es schattig und kühl. Das lag daran, dass die Flure und Zimmer allesamt mit behauenen Steinen ausgekleidet waren. Löwenköpfe, Säulen und pyramidenförmige Stufen bildeten eine kunstvolle Tempelanlage. In einzelnen Nischen standen verschiedene Götterfiguren hinter Glasscheiben oder Eisengittern.

»Warum ist denn alles hier so gut gesichert?«, fragte Bob.

Leandros Vater lächelte. »Es gab schon einige Einbruchsversuche in unseren Tempel. Die meisten der alten Figuren stammen von unseren Vorfahren und stellen für Diebe leider eine gewisse Versuchung dar. Aber seht hier.« Er war stehen geblieben und deutete in eine der Nischen. Dort stand eine goldglänzende, armlange Figur eines dicken Mannes mit ausgebreiteten Armen. Um den Körper wand sich eine Schlange aus farbigen Steinen, die alle zusammen wie ein Regenbogen funkelten. Zu den Füßen der Statue lagen frische Blüten und bunt bedruckte Tücher. »Cuichi«, sagte Leandros Vater. »In der Legende um diese Figur heißt es, ein guter Junge wird sie eines Tages aus den Händen eines bösen Mannes retten, der dem Fußballverein nicht angehört. Deswegen darf die Statue von keinem mit den Händen berührt werden, der nichts mit den Anden-Teufeln zu tun hat, das brächte höchstes Unglück.«

»Sie denken, Justus könnte der gute Junge sein, der die Statue aus den Händen eines bösen Mannes rettet!«, entfuhr es Bob.

»Ähm, nun ja, wer weiß«, sagte Leandros Vater. »Deswegen könnte Cuichi euch hierhergerufen haben. Aber vielleicht ist das auch Aberglaube.«

Peter war bleich geworden. »Aber wenn Justus der gute Junge ist, wer ist dann der böse Mann?«, fragte er ängstlich.

Stimmen aus dem Nichts

»Das erzählt die Legende natürlich nicht«, erklärte Leandros Vater.

Justus nickte. »Klingt alles etwas verwirrend. Und, entschuldigen Sie, Sir, aber waren Sie eigentlich dabei, als Cuichi zu Ihrem Sohn und seiner Fußballmannschaft gesprochen hat?«

Leandros Vater schmunzelte. »Du zweifelst daran, ob eine Götterstatue sprechen kann? Nun, ich muss zugeben, auch für mich klingt das sehr unwahrscheinlich. In diesem Tempel hat zuvor noch nie eine der Gottheiten die Stimme erhoben. Aber alle Jungen, die dabei waren, behaupten steif und fest, dass sie die Stimme gehört haben.«

»Und außer den Jungen war niemand hier drin?«

Justus sah sich in dem Raum um. Doch er konnte nichts entdecken, was einen Hinweis auf ein Versteck gegeben hätte. Weder sah die Nische, in der Cuichi stand, beschädigt aus, noch war die geringste Spur an den Wänden zu sehen.

»Ich war nicht dabei«, antwortete Leandros Vater. »Außer der Fußballmannschaft war niemand hier.«

»Und könnte es versteckte Mikrofone hier drin geben?«, fragte Peter, dessen Vater als Spezialist für Trickfilme in Hollywood arbeitete, und der deswegen sofort an solche Dinge dachte.

»Nein, wie ihr seht, sind die Gottheiten sicher verwahrt. Und außer uns hat niemand Zutritt zum Tempel. Das Haus ist immer gut verschlossen. Vielleicht haben die Jungen sich ja nur eingebildet, eine Stimme zu hören. Sie kennen alle die Legende von Cuichi. Und sie wollen natürlich dieses Jahr unbedingt die Coppa Cuichi gewinnen. Vielleicht haben sie sich das Ganze nur ausgedacht. Ihr wisst ja, wie Jungs manchmal sind.« Leandros Vater lächelte.

Bob nickte. »Klar, wir sind ja selber welche.«

Plötzlich fragte Justus: »Ist die Statue eigentlich wertvoll?«

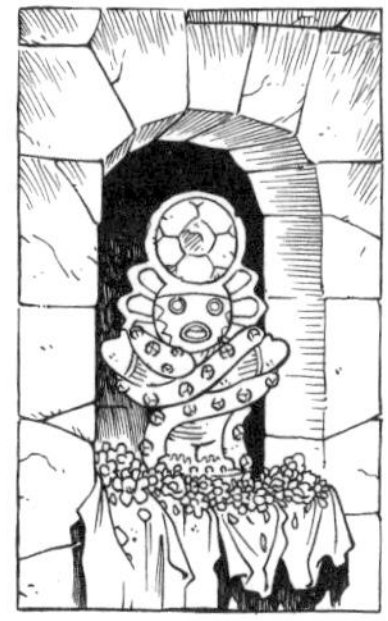

Leandros Vater zögerte. »Äh, nun ja, so wertvoll, wie vergoldetes Holz und ein paar Glasscherben es eben sein können.«

»Das ist gar kein echtes Gold?« Justus musterte die Figur, auf der die Glassteine in allen Farben des Regenbogens glänzten. »Also hat sie keinen bedeutenden Materialwert. Aber was ist mit ihrem Wert als antike Figur? «

»Für unsere Fußballer ist sie sehr wertvoll«, antwortete Leandros Vater. »Sie ist der Pokal, um den es im Spiel geht. Aber jede andere Figur in diesem Tempel ist älter und wertvoller.«

»Und warum steht die Statue des Cuichi dann das ganze Jahr im Tempel und nicht im Vereinsheim der jeweiligen Mannschaft?«, fragte Bob.

»Äh, weil ...« Leandros Vater zögerte erneut. »Nun ja, jeder Fußballer soll die Möglichkeit haben, die Figur das ganze Jahr über zu sehen.« Er wandte sich abrupt ab und führte die drei ??? wieder ins Freie. »Aber machen wir uns keine Sorgen um Cuichi. Freuen wir uns lieber auf das Spiel.«

Justus nickte. In Wirklichkeit aber machte er sich jede Menge Sorgen. Er dachte an Skinny Norris. »Entschuldigen Sie, Sir. Sind Sie ganz sicher, dass in den letzten Tagen kein anderer Junge hier im Tempel war? Er ist etwa einen Kopf größer als ich.«

»Nein. Außer mir und den Fußballern war niemand hier. Und die Statue hat für niemanden einen Wert außer für uns. Sie ist nur aus Holz und Glas und lediglich eine Erinnerung an unsere Heimat. Nein, Justus, spiel mit den Jungs Fußball. Sie brauchen einen guten Torwart. Aber hör auf, dir unnötige Gedanken zu machen. Das Ganze ist nur ein Spiel!«

Als die drei Freunde etwas später an der Bushaltestelle standen und auf den nächsten Bus nach Rocky Beach warteten, sah Justus Peter und Bob nachdenklich an. »Irgendetwas verschweigt uns Leandros Vater. Ich weiß nicht, was und warum. Aber er weiß mehr, als er zugibt.«

»Das Gefühl habe ich auch«, sagte Bob. »Aber wenn das mit der Legende um den Fußballgott Cuichi stimmt und du wirklich der Retter der Statue bist, dann muss er dir doch nichts verschweigen.«

»Vielleicht ist er ja einfach nur ein bisschen verrückt? Fußballverrückt!«, rief Peter.

»Und doch bin ich sicher, das Skinny hier war und irgendetwas Ungutes im Schilde führt.« Justus zupfte sich mit Daumen und Zeigefinger an der Unterlippe. »Bob, Peter, ich schlage vor, dass wir uns morgen früh in der Kaffeekanne treffen. Bob, du versuchst, so viel wie möglich über Cuichi und diese Legende herauszufinden. Und du, Peter, fährst im Fischereihafen vorbei und erkundigst dich, was eigentlich genau mit dem Torwart der Anden-Teufel passiert ist.«

»Und was hast du vor, Justus?«, fragte Bob.

»Das sage ich euch morgen«, erklärte der Anführer der drei ??? geheimnisvoll. »Aber eines ist gewiss: Ich bin keinesfalls gewillt, an eine Stimme aus dem Nichts zu glauben.«

Zu viele Zufälle

Früh am nächsten Morgen trafen sich Justus und Peter am Schrottplatz, um zusammen zur Kaffeekanne zu radeln. Bob hatte angerufen, dass er erst noch in die Bibliothek wolle und dann nachkommen würde. Die Kaffeekanne war das Geheimversteck der drei ???. Es handelte sich um einen alten Wassertank für Dampflokomotiven, der im Wald an einer stillgelegten Bahnstrecke lag. In der Kaffeekanne bewahrten die Freunde ihre Detektivausrüstung auf. Dazu auch Süßigkeiten und Limonade, die Justus gerne die notwendige Gehirnnahrung nannte.

Um zur Kaffeekanne zu gelangen, mussten Peter und Justus Rocky Beach Richtung Küste verlassen und dann eine einsame Straße ein Stück an der

Steilküste entlangfahren, um von dort zurück ins Landesinnere einzubiegen.

»Ist heute nicht ein herrlicher Tag?«, rief Peter, als sie die Steilküste erreicht hatten. »Wir sollten lieber ans Meer gehen und schwimmen, statt uns mit unheimlichen Legenden um Fußballgötter herumzuschlagen.« Doch Justus widersprach. »Ich finde, es geht nichts über ein spannendes Geheimnis.« Im selben Moment gab es einen lauten Knall, und Justus schrie: »Peter! Hilfe!« Peter sah, dass Justus verzweifelt an der Bremse zog. Doch sein Fahrrad machte nicht die geringsten Anstalten, langsamer zu werden.

»Dein Bremszug ist gerissen!«, rief Peter. Doch Worte halfen in diesem Moment nichts. Die Straße führte in scharfen Kurven abwärts, und Justus verlieh seinem Rad mit jedem Meter ein immer höheres Tempo, während er nach unten sauste.

»Peter, ich kann nicht mehr bremsen! Was soll ich machen?«, rief Justus verzweifelt. An seinen Augen rasten die steil abfallenden Felsklippen vorüber, zu deren Füßen sich der Ozean in mächtigen Wellen brach.

»Schleif mit den Füßen am Boden«, brüllte Peter.

Justus versuchte es, aber dabei wackelte sein Fahrrad bedenklich hin und her. »Ich habe Angst abzustürzen!«, brüllte Justus. Auf seiner Stirn stand kalter Schweiß, und obwohl der Anführer der drei ??? sonst immer einen kühlen Kopf behielt, sah man ihm nun die Panik an.

»Bleib ruhig, ich komme!« Peter trat wie ein Verrückter in die Pedale und fuhr direkt neben Justus. Dann streckte er den Arm aus und packte Justus' T-Shirt. Mit der linken Hand hielt er es fest, während er mit der rechten vorsichtig anfing, sein eigenes Rad zu bremsen. Der Stoff von Justus' T-Shirt spannte sich, doch zum Glück riss er nicht.

Peter hielt eisern fest. Nach etwa 100 Metern hatte er Justus soweit abgebremst, dass dieser mit den Füßen am Boden sein Rad zum Halten brachte.

»Danke!«, keuchte Justus, als er endlich stillstand. »Was war das denn?«

»Dein Bremszug ist gerissen«, stellte Peter fachmännisch fest. »Mann, das war knapp.« Er beugte sich zu Justus' Fahrrad hinüber, dann riss er entsetzt die Augen auf.

»Beide Bremszüge sind gerissen. Hinten und vorne. Das gibt es doch nicht, das kann doch kein …«

»... Zufall sein«, ergänzte Justus. »Ganz bestimmt nicht. Ich wette, dass sie angeschnitten waren.«

»Aber wer macht denn so etwas?«, sagte Peter entsetzt. »Das war wahnsinnig gefährlich.«

Justus starrte auf den Ozean unter ihnen. »Auf alle Fälle machen so etwas keine Legenden oder Götter, sondern echte Menschen. Wir müssen sehr vorsichtig sein, was unsere weiteren Ermittlungen angeht«, sagte er nachdrücklich. »Es sieht ganz so aus, als seien wir auf einer sehr viel heißeren Spur als gedacht.«

Bald darauf erreichten die beiden die Kaffeekanne, wo Bob sie schon erwartete. Er saß oben in dem alten Wassertank und streckte den Kopf durch die Lücke eines losen Bretts. »Wo bleibt ihr denn?«

Justus und Peter stellten ihre Räder ab. »Das erklären wir dir oben«, rief Peter. Er packte die untersten Stahlsprossen, die an das dicke Wasserrohr geschweißt waren, das von unten in den alten Tank führte, und stieg hinauf. Justus blieb noch einen Moment zurück und beugte sich über sein Rad.

»Komm, du kannst das Rad nicht hier reparieren«, rief Peter.

»Bin schon da.« Justus, der offenbar seine Ruhe wiedergefunden hatte, lächelte. Dann folgte er seinen Freunden nach oben in den Wassertank.

Bob schluckte, als er die Geschichte mit den gerissenen Bremszügen hörte. »Das klingt gar nicht gut. Und in Zusammenhang mit den Ergebnissen meiner Recherche noch weniger!« Er zog ein Buch hervor. »Erinnert ihr euch daran, dass vor der Figur Cuichis im Tempel gestern Blumen und Tücher lagen?«

»Ja, natürlich!«, rief Peter.

Bob schlug das Buch auf. »Nun, das waren Opfergaben. Hier steht, dass Cuichi eigentlich der Gott des Regenbogens ist. Und damit hat es eine besondere Bewandtnis. Immer wenn man am Himmel zwei Regenbogen sah, verhieß das Glück für die Menschen. Wenn es aber drei Regenbogen zu sehen gab, bedeutete das Unglück. Dann wurde dem Gott ein Opfer gebracht, um ihn milde zu stimmen. Und zwar Blüten und bedruckte Tücher.«

»Und genau das lag da«, flüsterte Peter.

Bob nickte düster. »Und euch hätte eben fast ein Unheil ereilt.«

»Und dem Torwart der Anden-Teufel ist auch schon etwas Schlimmes passiert.« Peter war blass geworden. »Ich war am Hafen, wie Just es mir aufgetragen hat, und habe Folgendes herausgefunden. Rodrigo Benitez ist auf dem Schiff seines Vaters ausgerutscht. Und zwar in einer Öllache, die gar nicht hätte da sein dürfen, weil sein Vater das Deck gerade geschrubbt hatte. Aber ein altes Fass hatte ein Leck, und da ...«

»So, wie mein Fahrrad«, sagte Justus schnell. »Das war gestern auch noch völlig in Ordnung! Wisst ihr, Freunde«, fuhr er fort, »ich glaube nicht an solche Zufälle. So wenig, wie ich an unsichtbare Stimmen glaube. Ich habe heute früh nämlich auch etwas recherchiert. Das Haus, in dem sich der Tempel befindet, wurde Mitte des 19. Jahrhunderts erbaut. Der erste Besitzer war ein sehr reicher Brauereibesitzer ...« Justus hielt plötzlich inne und presste die Lippen fest zusammen. In dem Augenblick, als er den Mund geschlossen hatte, erklang plötzlich seine eigene Stimme dumpf und dunkel mitten im Wassertank: »Dieser Brauereibesitzer war berühmt für seine Gelage, die er in dem kleinen Pavillon, den wir gesehen haben, zu halten pflegte. Deswegen hatte er jede Menge Dienstboten. Und um diese zu rufen, gab es damals ...«

Bob und Peter starrten Justus fassungslos an.

»Just, wie machst du das?«, rief Bob. »Wie kannst du mit geschlossenem Mund reden?«

Justus grinste breit und öffnete seinen Mund wieder. »Ich wollte euch nur zeigen, dass es unsichtbare Stimmen gibt, ohne dass man sich vor ihnen fürchten muss.«

Ein Sack voll Gefahren

»Wie hast du das gemacht?« Peter sah immer noch erschrocken aus. Doch Justus klopfte ihm beruhigend auf die Schulter. »Ganz einfach.« Er zog eine Fernbedienung aus der Tasche. »Ich habe unten einen CD-Player mit angebautem Lautsprecher an das Wasserrohr gestellt und ihn angeschaltet. Das Rohr transportiert die Schallwellen nach oben. Und meine kleine Ansprache habe ich vorhin extra für euch auf CD gebrannt.«

»Doch im Tempel gab es keinen Lautsprecher«, sagte Bob, »das hätten wir doch gesehen.«

Justus nickte. »Aber in diesen alten Villen gab es oft Rufanlagen für Dienstboten, die noch ohne Elektrizität funktionierten. Ganz einfache Geräte, die nur aus einem Metallrohr mit einem Trichter am

Ende bestanden. Und es könnte durchaus sein, dass von dem Pavillon so eine Anlage in den Tempel führt.«

»Du meinst, jemand könnte sich in dem Pavillon versteckt und in die alte Rufanlage gesprochen haben?«, fragte Bob.

»Genau! Und im Tempel klang das dann wie eine unsichtbare Stimme«, sagte Justus. »Und dass jetzt auch noch irgendwer mein Rad manipuliert hat, ist ein eindeutiger Beweis, dass jemand unbedingt verhindern will, dass ich Torwart der Anden-Teufel werde.«

»Und Skinny ist in die Sache verwickelt, denn er will unbedingt die Nummer Eins sein.« Bob biss sich auf die Lippen.

»Ich verstehe den Zusammenhang nicht«, sagte Peter. »Als Torwart der Fußballmannschaft kann man doch auch nicht leichter in den Tempel gelangen. Außerdem ist alles gut gesichert, das haben wir doch gesehen.«

»Das stimmt«, meinte Justus. »Aber vergesst nicht: Es gibt eine Skulptur, die den Tempel kurzzeitig verlässt: Cuichi, der Regenbogengott. Beim Turnier wird er als Pokal auf den Fußballplatz getragen.«

»Der ist doch nur aus bemaltem Holz und aus Glasscherben und völlig wertlos«, rief Peter.

»Angeblich!«, sagte Justus leise. Dann stand er auf. »Ich habe eine Bitte an euch. Ich muss gleich mit den Anden-Teufeln trainieren. Könntet ihr beide solange ein paar Dinge auf dem Schrottplatz erledigen? Und außerdem eure Eltern fragen, ob ihr bei mir übernachten dürft? Ich bin nämlich ziemlich sicher, dass uns heute Nacht etwas bevorsteht. Das Spiel ist bereits morgen, und wer auch immer unser Gegner ist, er muss sich beeilen.« Bob und Peter hörten sich an, was Justus ihnen noch zu sagen hatte. Dann machten sich die drei ??? auf den Weg.

Justus' Training mit den Anden-Teufeln verlief ohne weitere Vorfälle. Von Skinny war nichts zu sehen. Dafür überreichte Leandro Justus ein paar neue Torwarthandschuhe. »Für dich! Damit fängst du die Bälle noch sicherer!« Justus streifte sich die dicken Handschuhe über und übte sich im Fangen und Werfen. Dabei bewies er, dass der erste Eindruck, den er hinterlassen hatte, kein Zufall gewesen war. Er hatte ein gutes Auge und ein sicheres Händchen für die Position des Torwarts.

»Danke, Justus!«, rief der lange Paolo nach dem Training. »Morgen Abend ist das große Spiel. Wir treffen uns um fünf Uhr nachmittags, und um sechs ist Anpfiff.«

»Alles klar!« Justus verabschiedete sich und bedankte sich bei den Spielern noch mal für die Handschuhe. Dann machte er sich auf den Heimweg.

Bob und Peter erwarteten ihn schon in seinem Zimmer. »Wir dürfen bei dir übernachten und ha-

ben alles vorbereitet«, rief Bob ihm entgegen. »Außerdem hat uns deine Tante einen Kirschkuchen spendiert!«

»Das ist gut. Ich bin ziemlich entkräftet!« Justus legte seine neuen Torwarthandschuhe neben das Bett und schob sich ein extra großes Stück Kuchen in den Mund.

»Und jetzt?«, fragte Peter.

»Jetzt wird gewartet«, erklärte Justus. »Bis zur Geisterstunde.«

»Wie kommst du denn darauf?« Peter sah sich unruhig um.

»Ganz einfach«, erklärte Justus, »Skinny wollte unbedingt das werden, was ich geworden bin: der Torwart der Anden-Teufel. Und ich wette, er setzt alle Hebel in Bewegung, um mein Mitspielen zu verhindern. So wie die Sache mit meinem Rad heute Morgen. Ich vermute, dass heute Nacht etwas geschehen wird, das mit unsichtbaren Stimmen, Fußballgöttern und dunklen Weissagungen zu tun hat.«

Peter schüttelte sich. »Wie kannst du nur so ruhig bleiben? Uns droht ein ganzer Sack voll Gefahren!«

»Ja«, sagte Justus und nahm sich noch ein Stück Kirschkuchen, »aber genau darauf sind wir ja bestens vorbereitet!«

Geisterstunde

Eine Stunde nachdem es dunkel geworden war, lagerten die drei ??? in Justus' Zimmer und lauschten durch das offene Fenster nach draußen. Der Kirschkuchen war aufgegessen, und die Freunde hatten sich schwarze Hosen und Pullover angezogen, um sich in der Dunkelheit unauffällig bewegen zu können. Unten im Haus und auf dem Verkaufsgelände war es still geworden. Justus lebte, seit er fünf Jahre alt war und seine Eltern bei einem tragischen Unfall ums Leben gekommen waren, bei seiner Tante Mathilda und seinem Onkel Titus. Und Titus Jonas betrieb das Titus Jonas Gebrauchtwarencenter, einen weit über die Grenzen von Rocky Beach hinaus bekannten Schrottplatz, auf dem sich alle denkbaren Gegenstände und Kuriositäten finden ließen.

»Wieso bist du dir so sicher, dass etwas passiert?«, fragte Peter plötzlich in die Stille.

»Da der Anschlag auf mein Fahrrad und mich danebengegangen ist, wird der Täter es noch einmal versuchen«, flüsterte Justus. »Jemand will verhindern, dass ich Torwart bin. Und da er mein Rad hier auf dem Schrottplatz sabotiert haben muss, weiß er, wo ich wohne.«

Peter zuckte zusammen. »Das klingt leider logisch«, murmelte er. »Hoffentlich passiert nichts Schlimmes …« Kaum hatte er das gesagt, sprühte ein feiner Wasserstrahl durch das offene Fenster und benetzte den gesamten Raum. Erschrocken wischte sich Peter übers Gesicht. »Was war das?«

»Es schmeckt wie Wasser«, gab Justus beruhigend zurück. »Keine Angst! Wenn ich hier geschlafen hätte, wie der Täter annehmen wird, wäre ich davon garantiert aufgewacht. Keine dumme Idee.«

Im selben Moment tauchte an der Wand ein seltsames Licht auf. Justus legte den Finger auf die Lippen. »Leise, der Spuk geht weiter.«

Auch Bob starrte an die Wand und traute seinen Augen nicht: Dort erschienen blutrote Buchstaben!

»Was ist das?«, flüsterte er.

»Solche vermeintlichen Geistererscheinungen gibt es schon seit vielen Jahrhunderten«, erklärte Justus gelassen. Gespannt sah er auf die Buchstaben. Sie tauchten wie aus dem Nichts auf und bildeten schließlich einen Satz: DU WIRST DAS SPIEL VERLIEREN. OHNE GEFÜHL IN DEN HÄNDEN. DU BIST VERHEXT.

Peter keuchte. »Just, was soll das bedeuten?«

»Keine Ahnung«, gab Justus zurück. »Aber es klingt wirklich unheimlich.«

Plötzlich verschwand die Schrift. Im nächsten Moment erschien ein neuer Satz: SKINNER NORRIS MUSS SPIELEN ODER DIE ANDEN-TEUFEL GEHEN UNTER! WENN DU MICH VERSTANDEN HAST SCHAU AUS DEM FENSTER.

»Aha, der Geist erwartet eine Antwort. Das ist seltsam«, kicherte Justus. Er stand auf und trat ans Fenster. Doch dann wurde auch der Anführer der

drei ??? blass um die Nase. In dichten Nebel gehüllt, stand eine graue Gestalt in einem weiten Gewand mitten auf dem Schrottplatz und sah unter einer Kapuze zu Justus empor. Über dem Kopf der Gestalt leuchteten drei kleine Regenbogen.

»Justus Jonas«, sagte eine tiefe Stimme. »Du wagst es, dich dem Willen Cuichis entgegenzustellen? Ein Junge gegen einen Gott! Zur Strafe wirst du das Finale verlieren. Du wirst den Ball in deinen Händen nicht mehr spüren und Tor um Tor kassieren. Dir werden die Anden-Teufel ihre größte Niederlage verdanken. Es sei denn, du trittst von deinem Torwartposten zurück und lässt den spielen, den ich auserwählt habe: Skinner Norris!«

»Aber …«, begann Justus.

»Tu, was ich dir sage. Sonst: Wehe dir!« Der Geist wandte sich ab und ging mit schlurfenden Schritten davon. Gleichzeitig erloschen die drei Regenbogen über ihm. Im nächsten Moment verschluckte die Dunkelheit das Wesen.

»Just!«, flüsterte Peter. »Das klang gar nicht gut!«

Justus nickte stumm. »Ja, das war gruselig. Aber es heißt ja eigentlich nichts anderes, als dass Skinny statt mir im Finale spielen soll. Und das ist ein eindeutiger Hinweis darauf, dass es einen Plan gibt, für den dieser Geisterverschnitt Skinny braucht.«

»Und was ist mit der Drohung, dass du nichts mehr fühlen wirst und verhext bist?«

Justus zuckte die Schultern. »Der Geist will, dass ich mich fürchte. Aber das werde ich nicht!« Justus wandte sich Bob zu. »Ist alles bereit für den nächsten Schritt?« Bob nickte. »Gut, dann Plan ab!«

Bob drückte auf einen Schalter, der sich dicht unter Justus' Fenster befand. Im selben Moment flammte auf dem Schrottplatz ein großer Scheinwerfer auf und tauchte das Gelände in grelles Licht. Dabei zählte Bob leise bis fünf. »Wer auch immer das war, jetzt müsste das Licht ihn vertrieben haben.«

»Ja«, brummte Justus. »Dann hoffen wir mal, dass er die Schnur übersieht.« In diesem Moment zuckte am Tor des Schrottplatzes ein Blitz auf.

»Der Geist ist in die Falle getappt«, grinste Justus.

Gefahr erkannt?

Leise schlichen die drei ??? die Treppe hinab und überquerten den Schrottplatz. Zum Glück hatten weder Onkel Titus noch Tante Mathilda etwas von dem Geist bemerkt. In der Luft lag immer noch eine seltsame Feuchtigkeit, obwohl es den ganzen Tag über trocken und sonnig gewesen war.

»Er muss einen Rasensprenger benutzt haben«, flüsterte Bob. »Hier liegt ein alter Gartenschlauch.«

»Aber das erklärt noch nicht die Regenbogen in der Dunkelheit«, zischte Peter. »Es waren drei. Und drei Regenbogen verheißen etwas Schlimmes in Verbindung mit Cuichi.«

»Peter!«, gab Justus zurück. »Bleib ruhig. Jetzt sehen wir uns unseren Geistergast erst mal an.« Er rannte zum Eingang des Schrottplatzes und beugte sich zu einer Sofortbild-Kamera, die Bob dort versteckt hatte. Eine gerissene Schnur führte zu einem Zugauslöser, und aus dem Bildfach hatte sich ein Foto geschoben und bereits entwickelt.

Bob zog es heraus. »Da!« Er lächelte und reichte es Justus. Auf dem Foto war ein glatzköpfiger, schlanker Mann zu sehen, der mit aufgerissenen Augen in die Kamera starrte. »Erwischt«, sagte Justus zufrieden.

Auch Peter betrachtete das Bild. »Aber wer ist das? Leider ist auf dem Bild kein Name zu sehen.«

»Hast du erwartet, dass unser Geist seinen Ausweis in die Kamera hält?« Justus grinste. »Immerhin haben wir jetzt ein Gesicht. Und es ist ein Mensch, kein Geist, vergiss das nicht.«

»Aber wie finden wir heraus, wer das ist?« Peter sah sich unbehaglich um.

Justus knetete mit Daumen und Zeigefinder nachdenklich seine Unterlippe. »Ich glaube, wir müssen

Skinny fragen. Er ist unsere einzige Verbindung zu dem Unbekannten.«

Peter schluckte. »Und wie soll das gehen? Er wird niemals mit der Wahrheit rausrücken.«

»Da hast du allerdings recht«, murmelte Justus. »Deswegen schlage ich vor, dass wir ihm eine genauso schöne Show bereiten, wie wir sie eben selbst erlebt haben.«

»Regenbogen, Geisterschrift an der Wand, unheimliche Spukgestalten?« Peter zuckte zusammen. »Und das mitten in der Nacht!? Wie denn, Just?«

Doch der Anführer der drei ??? lächelte geheimnisvoll. »Ich sage dir, Peter, das sind ganz alte Erkenntnisse und Tricks, die hier zur Anwendung kommen. Vielleicht hier und da aufgepeppt mit einem Stück moderner Technik. Kommt mit in Onkel Titus' Schuppen, wir müssen ein paar Dinge vorbereiten ...«

Es dauerte länger als gedacht, aber kurz vor Morgengrauen befanden sich die drei ??? schließlich unter dem Schlafzimmerfenster von Skinny Norris. Zum Glück fanden sie an der Hauswand das, was sie für ihren Plan dringend benötigten – einen Wasserhahn. Daran schlossen sie einen Schlauch mit einem Rasensprenger an. Dann drückte Justus Bob eine CD und eine Taschenlampe in die Hand. Er selbst zog eine weitere Taschenlampe mit Farbwechsler hervor, sowie einen Spiegel und mehrere Blätter Papier, aus denen einzelne Buchstaben und Wörter ausgeschnitten waren. Außerdem hatte er wieder seine Fernbedienung dabei und den CD-Spieler mit dem angebauten Lautsprecher.

»Soll Bob jetzt die CD mit der Taschenlampe abspielen?«, fragte Peter entgeistert. »Du hättest uns ruhig einweihen können in deinen Plan, Just, anstatt uns die ganze Zeit Buchstaben in Papier schneiden zu lassen.«

Aber Justus kicherte nur. »Lass dich überraschen. Schalte jetzt lieber den Rasensprenger an!«

Peter richtete den Strahl so aus, dass das Wasser durch das offene Fenster in Skinnys Schlafzimmer fiel. Kurz darauf hörten die drei ??? ein leises Schimpfen: »Was ist denn jetzt los? Regnet es rein?« Im selben Moment schaltete Bob auf Justus' Zeichen seine Lampe an, sodass das Licht schräg auf die Unterseite der CD fiel. Die feinen Rillen brachen den Lichtstrahl, sodass ein bunter Regenbogen an der weißen Decke in Skinnys Zimmer erschien.

»Wow, das ist cool«, flüsterte Peter. »Jetzt verstehe ich: Das ist ein alter Trick aus der Physik!«

Justus nickte und drückte auf den Knopf der Fernbedienung, der den batteriebetriebenen CD-Player mit Lautsprecher in Gang setzte. Ein hohles Husten war zu hören.

Doch zur Überraschung der drei ??? schien Skinny das alles überhaupt nicht zu erschrecken. »Professor?«, rief er, und sein Gesicht erschien am Fenster. »Sind Sie das? Hat alles geklappt?«

»Er kennt die Tricks!«, zischte Bob verblüfft.

»Umso besser«, flüsterte Justus. Dann legte er einige Blätter mit ausgeschnittenen Buchstaben auf den Spiegel in seiner Hand. »Eigentlich wollte ich Skinny aus der Fassung bringen und ihm am Ende das Foto zeigen, das wir gemacht haben«, flüsterte Justus. »Aber so ist es noch besser.«

Er leuchtete schräg mit der rot eingestellten Taschenlampe auf den Spiegel, sodass die ausgeschnittenen Buchstaben als rote Schrift an Skinnys Wand erschienen: Das Dickerchen WIRD ausgeschaltet. Bist du bereit?

Skinny lachte. »Professor Miller, Sie sind genial. Sie haben mir eben einen schönen Schrecken eingejagt mit Ihren Spukerscheinungen. Haben Sie Justus das Pulver schon verabreicht?«

»Was für ein Pulver?«, flüsterte Bob erstaunt.

»Keine Ahnung«, antwortete Justus. »Aber eines ist klar: Skinny kennt den glatzköpfigen Mann. Er heißt Professor Miller.«

»Professor?«, rief Skinny. »Sind Sie noch da? Ich dachte, wir sollten uns nicht mehr begegnen, bis wir bei der Siegerehrung des Fußballturniers den echten gegen den falschen Pokal austauschen. Und dann bekomme ich von Ihnen die 100 Dollar Belohnung!«

Bob fuhr auf. »Freunde! Skinny bekommt Geld dafür, dass er den Pokal gegen eine Fälschung austauscht. Das bedeutet, dieser Professor Miller hat es auf die Statue des Fußballgottes Cuichi abgesehen!«

»Ja«, sagte Justus leise. »Jetzt wissen wir, was wir zu tun haben!« Schnell legte er weitere Blätter mit ausgeschnittenen Buchstaben auf den Spiegel. Gleich darauf erschienen an Skinnys Wand die Worte: Halte dich bereit. morgen SCHLAGEN WIR ZU.

»Alles klar«, rief Skinny. »Bis morgen, Professor, ich werde da sein!«

Gefahr gebannt!

»Wie sollen wir diesen Professor Miller finden?« Es war Sonntag früh, acht Stunden vor dem großen Spiel, und die drei ??? saßen verschlafen bei Tante Mathilda in der Küche und beratschlagten sich. »Was wissen wir?«, überlegte Bob laut. »Der Professor muss sich auf alle Fälle mit südamerikanischen Göttern auskennen. Und er will die Statue des Cuichi. Aber Miller ist ein sehr häufiger Name, und es wird schwer, ihn zu finden.«

Justus sah auf. »Freunde, ich denke, wir sollten zuerst noch einmal mit Leandros Vater reden. Ich glaube, er weiß etwas über die Statue, das uns weiterhelfen könnte.«

»Das ist eine gute Idee«, rief Peter. »Und wir müssen rausfinden, was es mit dem Pulver auf sich hat, von dem Skinny sprach. Das macht mir wirklich Sorgen. Ich will nicht, dass dir etwas passiert, Just!«

Zum Glück war es noch früh, und die drei ??? erwischten den ersten Bus nach Los Angeles. Als sie am Tempel von Pachamama und Pachatata ankamen, stand Leandros Vater im Vorgarten und wässerte die Magnolien mit Hilfe eines langen Gartenschlauchs.

»Ah, der Tag des Finales!«, rief er den drei ??? entgegen. »Kommt ihr, um euch Beistand zu holen?«

»Das auch, Sir«, sagte Justus und betrat den Garten. Dann sah er sich langsam um. »Wie friedlich es hier ist!« Er betrachtete den Schlauch und ging ihm dann scheinbar gedankenverloren nach, bis zum kleinen Pavillon neben der Villa. Blitzschnell sah Justus sich auch dort um. Dann huschte ein Lächeln über sein Gesicht. Er bückte sich und nestelte an seinem Schuh, wobei er Leandros Vater laut zurief: »Dieses Finale scheint für viele Menschen wichtiger zu sein, als ich zuerst dachte. Seit ich weiß, dass ich daran teilnehmen werde, frage ich mich, was es mit dieser Weissagung auf sich hat, dass keiner, der nicht zu den Anden-Teufeln gehört, die Statue des Gottes Cuichi berühren darf?«

Leandros Vater räusperte sich. »Na ja, es ist eben eine alte Legende.«

»Aber woher stammt sie?« Justus richtete sich auf. »Dürfen wir die Statue noch einmal sehen?«

»Aber ja«, antwortete der Tempelwächter. »Ich bringe sie erst später zum Spiel nach Rocky Beach.« Leandros Vater ging voraus in die Villa.

»Und? War im Pavillon ein solches Rufgerät, wie du vermutet hast, Just?«, flüsterte Bob.

Sein Freund nickte. »Ich verstehe ja, dass er uns nicht alles sagen will. Er kennt uns kaum. Aber wir müssen die Wahrheit erfahren, um Cuichi zu retten. Los, in fünf Minuten startet der CD-Player.«

Die drei ??? betraten den Tempel und gingen bis zur Statue des Cuichi, vor der Leandros Vater bereits wartete. Die Figur glänzte im halbdunklen Raum.

»Sie sagten neulich, diese Statue sei aus Holz und Glasperlen und nicht sehr kostbar«, sagte Justus unvermittelt. »Und doch könnte es ein, dass jemand sie in seinen Besitz bringen will.«

Der Tempelwächter sah verwirrt auf. »Was sagst du da?«

»Jemand hat mein Rad sabotiert, um mich als Torwart auszuschalten«, antwortete Justus ernst. »Und derselbe Mensch hat wahrscheinlich dafür gesorgt, dass der eigentliche Torwart der Anden-Teufel ausgerutscht ist und sich den Arm verstaucht hat. Das sind keine Scherze. Und wir glauben, dass dieser Jemand das alles tut, weil er die Statue an sich bringen will.«

»Aber sie ist hier im Tempel sicher aufgehoben«, sagte Leandros Vater.

»Das mag sein«, erwiderte Peter. »Aber heute Nachmittag kommt sie raus auf den Fußballplatz. Dort ist sie nicht mehr sicher.«

»Und außerdem birgt diese Statue ein Geheimnis«, fügte Bob hinzu. »Und das bringt uns in Gefahr.«

Justus hob die Hand, und Bob schwieg augenblicklich. Im selben Moment erfüllte eine leicht ver-

zerrte Stimme den Raum: »Mein Geheimnis ist bei diesen drei Jungen sicher.«

»Was?« Leandros Vater fuhr herum.

»Justus Jonas spielt für die Anden-Teufel. Er ist ein guter Junge, und du bringst ihn in Gefahr, wenn du nicht die Wahrheit sprichst.«

Der Tempelwärter starrte die Figur des Fußballgottes an. Die Stimme schien direkt aus der Statue zu kommen. In Wirklichkeit kam sie dicht daneben aus der Wand aus der alten Rufanlage.

Justus blickte Leandros Vater an. »Ich will ehrlich zu Ihnen sein, Sir. Für diese geheimnisvolle Stimme sind wir drei verantwortlich. Wir haben Cuichi auf demselben Weg sprechen lassen, wie es vor uns bereits jemand mit weniger guten Absichten getan hat.«

»Meine Güte, wie ist das möglich?«, fragte der Tempelwächter.

Bob erklärte es ihm. »Es gibt eine alte Rufanlage, wie sie früher gebräuchlich war. Das eine Ende befindet sich im Pavillon. Und das andere Ende ist hier eingemauert, sodass man es nicht sieht. Wir haben im Pavillon einen CD-Player aufgestellt, die Stimme wird durch die alte Rufanlage übertragen.«

Leandros Vater schüttelte den Kopf. »Unglaublich. Und so, meint ihr, sind auch die Jungen der Mannschaft reingelegt worden?«

»Ja«, bestätigte Justus. »Eigentlich sollte ihnen damit Skinny Norris als Torwart aufgeschwatzt werden. Es war reiner Zufall, dass ich es dann wurde, und dass meine Freunde und ich dem Täter auf die

Spur gekommen sind. Aber um den Fall zu lösen, müssen wir das Geheimnis von Cuichi wissen!«

Leandros Vater schluckte. »Gut, ich will es euch sagen. Die Statue des Cuichi war die erste, die unsere südamerikanischen Vorfahren aus der Heimat hierher mitgebracht haben. In Wirklichkeit ist sie nicht aus Holz und Glasscherben.« Er holte tief Luft. »Die Figur ist aus Gold, und die Steine sind kostbare Diamanten. Cuichi ist sehr, sehr wertvoll. Doch das darf niemand wissen, denn ich habe Angst, dass jemand die Figur raubt. Vor einigen Monaten tauchte ein seltsamer Mann hier auf. Er hatte alte Aufzeichnungen über Cuichi und die Statue entdeckt. Da wusste ich sofort, dass unsere Figur in Gefahr ist. Der Mann stellte sich als Professor aus Los Angeles vor und stellte viele neugierige Fragen. Mir wurde klar, dass das Geheimnis von Cuichi entdeckt war. Deshalb fing ich an, die Geschichte zu verbreiten, dass kein Mann, der nichts mit den Anden-Teufeln zu tun hat, Cuichi berühren darf, weil es ihm Unglück bringen würde. Die Legende mit dem Jungen gibt es allerdings wirklich. Schon lange heißt es, dass eines Tages ein guter Junge Cuichi retten wird.« Der Tempelwächter schwieg kurz. »Natürlich konnte ich die Coppa Cuichi trotz aller Gefahr für die Statue nicht absagen. Das Turnier bedeutet unseren Fußballern alles.«

Die drei ??? hatten gebannt zugehört. »Und genau dieses Turnier will jemand benutzen, um in den Besitz von Cuichi zu gelangen«, sagte Justus langsam. »Wissen Sie zufällig, wer der Mann war, der hier aufgetaucht ist und so viel wusste?«

Leandros Vater schüttelte den Kopf. »Alles, was ich weiß, ist, dass er dichte schwarze Locken hatte.«

Justus nickte. »Danke, Sir, dass Sie uns die Wahrheit erzählt haben. Wir versprechen Ihnen, dass wir alles tun werden, um Cuichi zu retten.«

»Passt gut auf, Jungs! Dieser Professor wirkte gefährlich!«

Justus nickte wieder. »Wir werden ihn hinter Schloss und Riegel bringen. Der Gangster muss erst gefunden werden, der den drei ??? entkommt.«

Blauer Eisenhut

Wenig später standen die drei ??? auf dem Sunset Boulevard in einer Telefonzelle. »Ein Schatzjäger«, murmelte Justus nachdenklich, während Bob das Telefonbuch von Los Angeles durchblätterte. »Das wäre eine Erklärung. Solche Diebe suchen oft in alten Tempeln nach wertvollen Statuen.«

»Und sie sind skrupellos«, fügte Peter hinzu. »Die Gier nach Geld und Gold ist eines der mächtigsten Motive für Verbrechen.«

»Hier sind drei Professor Miller verzeichnet«, rief Bob und hielt den Finger auf eine Stelle im Telefonbuch. »Aber welcher ist der Richtige? Vorausgesetzt, er lebt wirklich in L.A.«

»Das müssen wir hoffen«, sagte Justus. »Steht da noch etwas hinter den Namen?«

Bob sah nach. »Ja, hier ist ein Professor Miller M.D.«

»Das bedeutet Medical Doctor«, sagte Justus. »Der ist Arzt.«

Peter sah auf. »Woher weißt du denn das?«

»In meinem Lexikon stehen hinten alle Abkürzungen drin. Die habe ich mal auswendig gelernt, als ich mit einer Erkältung im Bett lag und mir langweilig war«, erklärte Justus.

Bob grinste. »Dann kannst du mir ja auch sagen, was Professor Miller D.D. ist?«

»Ja, sicher. Doctor of Divinity. Das ist ein religiöser Titel.«

»Meint ihr, ein Priester würde einen Tempel bestehlen?«, fragte Peter.

»Unwahrscheinlich«, meinte Justus. »Und welchen Titel hat der letzte Miller?«

»Professor Miller Dr. Phil.«, sagte Bob.

»Das weiß sogar ich«, rief Peter schnell. »Phil. steht für Philosophie. Also die Lehre von der Weisheit. Klingt nicht nach einem Dieb!«

Aber Justus griff sich an die Unterlippe und begann, sie zu kneten. »Stimmt, Peter, Phil. bedeutet Philosophie. Aber das können verschiedene Fächer sein. Nicht nur Philosophie, sondern auch Geschichte, Völkerkunde oder Kunst. Alles, wo es um das Zusammenleben und die Kultur von Menschen geht. Deswegen würde ich vorschlagen, dass wir bei diesem Professor beginnen.«

Peter sah auf die Uhr. »Dann los, uns bleiben nur noch ein paar Stunden, bis das Turnier beginnt.«

Wenig später standen die drei ??? vor einem weißen Haus, das von einem großen Blumengarten umgeben war. In der Einfahrt parkte ein rotes Cabriolet.

»He, das sieht aber einladend aus«, meinte Peter. »Was machen wir jetzt? Sollen wir klingeln und fragen: Hallo, wollen Sie zufällig den Gott Cuichi stehlen?«

Doch Justus zog seinen Freund am Ärmel. »Leise!« Er deutete auf einen Reihe hochaufragender blauer Blüten. »Kennst du diese Blumen?«

»Nein«, gab Peter zurück.

»Aber ich«, sagte Bob. »Das ist blauer Eisenhut.«

»Wollt ihr dem Professor einen Strauß aus seinem eigenen Garten mitbringen?«, grinste Peter.

»Fass die bloß nicht an!«, raunte Justus. »Das ist eine der giftigsten Pflanzen, die es gibt. Sie wird auch Wolfsgift oder Teufelswurz genannt. Aber was noch viel wichtiger ist: Die Vergiftungserscheinung, die der blaue Eisenhut hervorruft, ist eine vorübergehende Taubheit der Körperstellen, mit denen man die Pflanze berührt!«

»Das ist ja grauenhaft«, murmelte Peter erschrocken.

»Ja«, sagte Justus. »Trotzdem haben ihn viele Leute seiner Schönheit wegen im Garten. Außerdem ist die Pflanze in der Medizin sehr wichtig. Sie hilft nämlich gegen Rheuma. Aber was mich im Moment besonders interessiert, ist das Pulver, von dem Skinny gestern Nacht gesprochen hat ...«

Bob wurde blass. »Du meinst, aus der Pflanze könnte man ein Betäubungspulver machen?«

»Ja, mit diesem Gift könnte man einen Torwart ganz bestimmt außer Gefecht setzen.« Justus wandte sich Peter zu. »Kannst du dich leise ans Fenster schleichen und rausfinden, was da drin vor sich geht? Du bist der Größte von uns dreien.«

»Bist du wahnsinnig, Just? Und wenn dieser Professor mich erwischt und mit seinem Giftpulver einstäubt!?«

»Das wird er nicht tun. Nicht in aller Öffentlichkeit. Wenn Gefahr droht, dann tauchen Bob und ich sofort auf und rufen laut um Hilfe. Außerdem ist dieser Miller ja vielleicht unschuldig, vergiss das nicht!«

»Okay!« Peter duckte sich. »Aber das tue ich nur, damit dir beim Spiel nichts passiert, Just.« Er schlich in den Garten und schaffte es, mit wenigen Schritten an das nächste Fenster zu gelangen. Es stand einen Spalt offen. Peter reckte den Kopf. Er stand vor der Küche. Vorsichtig blinzelte er ins Innere. In diesem Moment fiel ein Schatten auf sein Gesicht. Peter zuckte zusammen. Aber der Mann, der den Schatten verursachte, hatte ihn nicht bemerkt. Es war ein großer, hagerer Typ mit Glatze – derselbe Mann, den die drei ??? mit der Sofortbild-Kamera fotografiert hatten! Sie waren also beim richtigen Professor Miller gelandet. Peter wandte sich Justus und Bob zu und hob den Daumen. Dann sah er wieder durchs Fenster.

Der Professor hantierte mit irgendetwas auf dem Küchentisch und summte dabei vor sich hin: »Bald bist du mein, mein teurer Schatz! Den andern geben wir Ersatz …« Peter lauschte aufmerksam und stellte sich auf die Zehenspitzen. Auf dem Tisch lagen einige blaue Blüten, die der Professor mit Gummihandschuhen zu einem Pulver zerdrückte und dann in kleine Plastikbeutel füllte.

»Nicht zu stark und nicht zu schwach«, murmelte er jetzt. »Das wird den kleinen dicken Torwart betäuben. Er wird seine Hände nicht mehr spüren. Nur für ein Stündchen, das reicht. Danach lässt die Wirkung nach. Ha! Er wird denken, er ist verhext. Und als Torwart ist es aus mit ihm.« Miller lachte grob.

Peter zählte zehn volle Beutel auf dem Tisch und sah, dass noch weitere leere Tüten bereitlagen. In diesem Moment kam ihm eine Idee. Er huschte um das Haus herum und klingelte an der Tür. Dann rannte er, so schnell er konnte, zurück ans Küchenfenster. Sein Plan funktionierte. Der Professor war zur Haustüre gegangen, die Küche war leer. Schnell griff sich Peter zwei der verschlossenen Beutel mit dem Betäubungspulver. Gerade noch rechtzeitig, denn im Flur näherten sich bereits die Schritte des Professors.

Miller brummte wütend vor sich hin. »Immer diese Störungen. Bestimmt wieder Werbung. Wie ich das hasse!« Dann griff er nach dem nächsten Plastikbeutel und begann, ihn zu füllen. Der Professor hatte nicht bemerkt, dass zwei Beutel fehlten. Peter atmete erleichtert auf. Blitzschnell drehte er sich um und rannte zurück zu Justus und Bob.

Niemals aufgeben

Einige Stunden später waren die drei ??? wieder in Rocky Beach auf dem Sportplatz. Justus trug seinen Torwartdress: ein gelbes Hemd, das ein Anden-Kondor schmückte. Daneben war eine große schwarze Eins aufgedruckt. Der Anführer der drei ??? wirkte nervös. Rund um den Platz hatte sich eine ansehnliche Zuschauermenge eingefunden. Darunter war auch Kommissar Reynolds, der Justus fröhlich zuwinkte. »Ich wünsche dir ein gutes Spiel! Wir sehen uns dann hoffentlich bei der Siegerehrung. Da sorge ich ein bisschen für Ordnung!«

Justus winkte zurück und sah in die Menge. Die Leute trugen gelbe oder grüne Trikots, und einige hatten Fahnen und Trompeten dabei. »Wir müssen Professor Miller überführen«, erklärte er seinen

Freunden eindringlich. »Und das heißt: Wir müssen ihn auf frischer Tat ertappen. Wenn uns das nicht gelingt, ist die Statue des Cuichi verloren.«

»Ja«, bestätigte Bob, »ich vermute, Skinny soll dem Professor die Statue bei der Siegerehrung übergeben. Wir müssen hoffen, dass unser Plan klappt und wir Miller dann schnappen können.«

Peter nickte. »Es ist nur blöd, dass du jetzt gleich im Tor stehen wirst, Just. Du wirst uns bei der Detektivarbeit fehlen!«

»Ja, aber ich muss helfen, das Spiel zu gewinnen. Sonst können wir den Fall niemals lösen«, sagte Justus.

»Den Professor habe ich jedenfalls noch nicht gesehen.« Bob sah sich aufmerksam im Publikum um. »Und Skinny auch nicht.«

»Sobald die beiden auftauchen, lasst ihr sie nicht aus den Augen«, ordnete Justus an. »Wir haben einen Vorteil! Wir wissen in etwa, was sie vorhaben. Beim Austausch der echten Statue gegen die Fälschung muss der Professor in der Nähe von Cuichi sein. Und außerdem wird er versuchen, mich mit dem Eisenhut-Pulver in Berührung zu bringen.« Justus klatschte Bob und Peter ab. »Okay, ich gehe zu meiner Mannschaft, haltet mir die Daumen.«

Justus wurde von Leandro, Paolo und den übrigen Spielern mit einem Schulterklopfen begrüßt. Dann stellte er sich ins Tor und legte seine Torwarthandschuhe neben den Pfosten. In diesem Augenblick erschien ein großer, dicker Mann auf dem Fußballplatz. Er hatte wilde schwarze Locken und trug, wie alle anderen Fans auch, ein T-Shirt mit einem mächtigen Anden-Kondor auf der Brust. »Meine Anden-Teufel!«, rief er. »Ich bin Hubertus Maracana, ein großer Bewunderer eurer Spielkunst. Ich möchte euch Glück wünschen!« Er ging zu jedem Spieler und klopfte ihm heftig auf die Schulter. »Ich habe gehört, dass euer Torwart ausgefallen ist. Was für ein Unglück! Aber wie ich sehe, habt ihr euch an die gute alte Regel gehalten: Niemals aufgeben! Und ihr habt einen neuen Mann gefunden.« Er lächelte Justus breit an. »Bravo, mein Junge. Mögest du gut halten. Ihr sollt gewinnen, Anden-Teufel. Das ist wichtig. Aber ihr müsst auch wissen, falls euer Torwart hier aus irgendeinem Grund ausfällt – es gibt in Rocky Beach noch einen Jungen, der sehr gut im Tor ist. Er steht als Ersatzmann bereit. Ihr dürft niemals aufgeben, was auch geschieht! Nun siegt für Cuichi!« Der Mann bückte sich und hob Justus' Handschuhe auf. Mit einer Drehung um seinen eigenen Körper hielt er sie hoch in die Sonne und rief: »Cuichi segne die Handschuhe dieses Torwarts!« Dann reichte er sie Justus. »Hier, Junge, die solltest du nie liegen lassen. Zieh sie gleich an, das bringt dir Glück.«

Justus beobachtete den Fußballfan genau, als er die Handschuhe mit einem »Danke« entgegennahm. Der Mann sah überhaupt nicht aus wie Professor Miller. Er war dick und hatte wilde schwarze Locken, wohingegen der Professor dünn und kahlköpfig war. Dieser Mann war geradezu das Gegenteil des Professors. Das war auffällig. Und hatte nicht Leandros Vater von einem Schatzjäger mit schwar-

zen Locken gesprochen? Justus grinste dem fremden Mann bewusst etwas dümmlich zu und zog sich dann schnell hinter seinem Rücken dünne Gummihandschuhe über, die er mitgebracht hatte.

Erst dann schlüpfte er in seine Torwarthandschuhe. In dem Moment bemerkte er es. Am oberen Rand des linken Handschuhs war eine dünne weiße Pulverspur zu sehen. Der verkleidete Professor war wirklich geschickt zu Werke gegangen. Er musste das Pulver blitzschnell ausgestreut haben. Justus sah ihm in die Augen. Der Mann lächelte, hob Zeigefinger und Daumen wie eine Pistole und zeigte auf Justus. »Alles Gute, Torwart!« Dann drehte er sich um und ging in großen Schritten davon.

»Wer war denn das?«, fragte Justus Leandro.

»Noch nie gesehen«, antwortete der Spieler. »Scheint ein Fan zu sein!« Er wandte sich den anderen Spielern der Anden-Teufel zu. Dann bildeten alle zusammen einen Kreis und reichten sich die Hände. »Auf ein gutes und faires Spiel«, rief Leandro. »Und darauf, dass wir gewinnen! Pachamama ...«

»... Pachatata!«, riefen alle Spieler zusammen.

Auch Justus brüllte aus voller Kehle mit. Er sah hinüber zum Tor. Dort standen Peter und Bob und reckten die Daumen in die Höhe. Und ein Stück hinter ihnen stand Skinny Norris in seinem Torwartdress und grinste höhnisch.

Das Spiel beginnt

Der Schiedsrichter pfiff die Partie an. Der Gegner der Anden-Teufel war der FC Kondor, der in grün glänzenden Trikots spielte. Justus merkte bald, dass es im Endspiel richtig zur Sache ging. Keiner der Spieler schenkte seinem Gegenüber etwas. Die Spieler spielten fair, aber sie jagten einander erbarmungslos den Ball ab und kämpften mit aller Macht um jeden Zentimeter. Justus verfolgte das Spiel mit großer Konzentration. Und das war gut so. Nach etwa fünf Minuten zog einer der grünen Stürmer völlig unvermutet weit vor dem Strafraum ab, und der Ball senkte sich gefährlich nah unter der Latte auf Justus' Tor. Nur weil er gut aufgepasst hatte, fing der Anführer der drei ??? ihn.

»Gut gemacht, Justus. Unsere Gegner haben gesehen, dass du etwas breiter bist als wir anderen, und sie haben gedacht, du würdest dich nicht schnell bewegen. Lass dich nicht ins Bockshorn jagen!« Paolo lachte.

Justus nickte und rollte ihm den Ball zu. Er hätte sich gerne nach Skinny umgedreht oder nach dem Professor Ausschau gehalten, aber das erlaubte das Spiel nicht. Der Professor wartete sicher darauf, dass Justus erste Erscheinungen von Taubheit in den Händen zeigte. Wie gut, dass ihn die Gummihandschuhe vor dem giftigen Eisenhut-Pulver schützten. Justus konnte sich ein Lächeln nicht verkneifen. Während Leandro nach vorne stürmte, winkte Justus Peter und Bob kurz zu sich heran. Skinny stand weit genug weg. »Ich werde gleich so tun, als würden meine Hände taub. Dann wird Skinny alarmiert sein«, rief er ihnen über die Schulter zu. »Wir müssen hoffen, dass er dann den falschen Cuichi bereitlegt. Sobald er das tut …«

»Konzentriere dich auf das Spiel!«, rief Bob energisch. »Wir kümmern uns schon darum!«

Die Warnung kam im richtigen Moment. Leandro hatte den Ball verloren, und die beiden gefährlichen Angreifer des FC Kondor spielten sich mit einem schnellen Doppelpass vor Justus frei. Plötzlich stand die neue Nummer Eins den beiden alleine gegenüber. »Ruhig bleiben und abwarten«, sagte sich Justus. Wie ein Panther stand er da, die Arme ausgebreitet, den Blick auf Spieler und Ball gerichtet. Und diesmal kam Justus seine neue Erfahrung zugute. Der ballführende Spieler, der gehofft hatte, dass Justus sich bewegen würde, um dann auf seinen Partner zu passen, zögerte. Und zwar einen Augenblick zu lange. Plötzlich warf sich Justus mit einem großen Sprung auf den Ball und fischte ihn sich vom Fuß des Angreifers.

»Bravo, Just!«, brüllte Peter. »Das war große Klasse. Du bist ein Titan im Tor!«

Auch Bob klatschte begeistert Beifall. »Super gehalten, Just!«

»Das passiert mir nur einmal«, rief der Gegner, bevor er abdrehte und enttäuscht davontrabte.

Justus warf den Ball ab, dann drehte er sich zu Peter und Bob. Aus dem Augenwinkel bemerkte er Skinny, der neugierig näher kam. Justus schüttelte demonstrativ seine Hände. »Freunde!«, rief er. »Meine Hände fühlen sich so taub an. Ich glaube, der Aufprall des Balles war zu stark. Was soll ich tun?«

»Das geht vorbei«, rief Bob laut. »Beweg einfach die Hände ein bisschen.«

»Aber das ist es ja, das geht kaum!«, rief Justus zurück. Hinter ihm begann Skinny, breit zu grinsen.

»Los, jetzt!«, zischte Bob Peter zu. Der wandte sich um und schlich leise hinter Skinny her, der zu einer blauen Tasche ging, die im Gebüsch verborgen war. In dem Moment trat Bob auf Skinny zu. »Was machst du denn da?«

Erschrocken fuhr der Rivale der drei ??? herum. »Äh, ich halte mich bereit. Falls euer Anführerchen die Bälle nicht mehr fangen kann, haben die Anden-Teufel mit mir als Torwart noch eine Chance.«

Bob tat so, als denke er über Skinnys Worte nach. »Hm«, murmelte er, »Justus hat tatsächlich gerade einen Ball auf die Hand bekommen und spürt seine Finger nicht mehr …« Dabei beobachtete er, wie Peter sich hinter Skinnys Rücken an die Tasche heranschlich. Dann sagte Bob. »Das Wichtigste ist, dass die Anden-Teufel gewinnen. Egal mit welchem Torwart.«

»Ha!«, lachte Skinny auf. »Euer Dickerchen bewegt sich einfach zu wenig. Wenn er richtig trainiert hätte, würde ihm so eine Starrheit in den Händen nicht passieren.« Skinny sprang in die Luft und zog dabei die Knie an. »Ich dagegen bin sehr beweglich.«

Hinter seinem Rücken hatte Peter sich inzwischen ein paar Gummihandschuhe übergezogen und zog eine täuschend ähnliche Cuichi-Figur aus der Tasche. Er warf Bob einen bestätigenden Blick zu, dann bestäubte er die falsche Götterstatue mit dem Eisenhut-Pulver, das er am Vormittag aus Professor Millers Küche entwendet hatte. Gleich darauf ließ er die Figur wieder in die Tasche zurückgleiten.

Skinny grinste Bob immer noch breit an. »Gleich ist Halbzeit. Wenn es eurem Freund dann nicht besser geht, sag ihm, dass ich als Ersatzmann bereitstehe. Er wird seiner Mannschaft ja wohl nicht den Sieg verderben wollen!«

In diesem Moment brauste lauter Jubel auf. Bob sah zum Spielfeld hinüber. Die Anden-Teufel standen wild gestikulierend um den Schiedsrichter herum, doch dieser schüttelte den Kopf und deutete auf Justus' Tor. »Dieser Spieler«, er zeigte auf Leandro, »hat den Ball im Strafraum mit der Hand berührt. Tut mir leid, aber das bedeutet Elfmeter.«

»Elfmeter?«, fragte Justus Paolo.

»Strafstoß«, antwortete der magere Junge betrübt. »Das haben wir mit dir nicht trainiert. Bei einem Foul im Strafraum darf ein Spieler der anderen Mannschaft von dem Punkt da auf dein Tor schießen. Und du musst auf der Torlinie stehen bleiben und versuchen, den Ball zu halten.

»Wie soll denn das gehen?«, stieß Justus entsetzt hervor.

»Tut mir leid!«, sagte Paolo. »Ich drücke dir die Daumen, Justus. Halte den Ball für uns und für Cuichi!«

Elfmeter

Justus baute sich in seiner ganzen Breite auf der Torlinie auf. Dieser verflixte Elfmeter war eine Katastrophe. Wie sollte er diesen Ball jemals ganz alleine halten?

In diesem Moment tauchte Peter hinter ihm auf. »Wir haben es geschafft, Just. Skinny hat tatsächlich eine Fälschung der Statue dabei. Und der falsche Cuichi ist mit dem Betäubungspulver eingerieben.«

»Bravo, Peter!«, rief Justus. »Dann folgt jetzt Teil zwei unseres Plans.«

»Ja, aber dafür musst du den Elfmeter halten. Wenn die Anden-Teufel verlieren, kommt es gar nicht erst zur Pokalübergabe an sie.«

»Das weiß ich auch«, knurrte Justus. »Ich muss mich konzentrieren! Fußball ist nämlich auch Kopfarbeit.« Er fuhr sich nachdenklich mit Daumen und Zeigefinger seines dicken Torwarthandschuhs über die Lippen. Der Schütze des FC Kondor hatte sich den Ball bereits auf dem Elfmeterpunkt zurechtgelegt. Und plötzlich wusste Justus, was er tun würde. Unauffällig machte er einen winzigen Schritt nach rechts. Vielleicht würde der Schütze auf die offenere Seite des Tors schießen, wenn Justus ihm dort etwas mehr Platz anbot. Nicht zu offensichtlich, aber deutlich genug, dass sein Kontrahent es bemerkte. Und dann würde Justus genau in diese Ecke hechten. Mehr konnte er nicht tun. Sprungbereit stand er da, als der Pfiff des Schiedsrichters ertönte.

Der Plan ging auf. Der Gegenspieler jagte den Ball auf Justus' linke Seite. Kaum hatte er geschossen, sprang die Nummer Eins der Anden-Teufel los. Wie eine menschliche Kanonenkugel flog Justus dem Ball entgegen und erreichte ihn gerade noch mit den Fingerspitzen. Mit einem harten Stoß lenkte er ihn um den Pfosten. Dann fiel Justus mit einem satten Plumps zu Boden. Seine Mitspieler brachen in Jubel aus. Gleichzeitig ertönte der Pfiff des Schiedsrichters: »Halbzeit!«

Justus stand langsam auf. Er hatte es geschafft: Es stand immer noch Null zu Null!

In der Halbzeitpause besprachen sich die Anden-Teufel in der Kabine. Justus bekam viel Lob, und alle waren sich einig, dass die Stürmer jetzt bald ein Tor schießen mussten, um den Sieg zu sichern. Justus dachte an den Professor und den gefälschten Cui-

chi. Er musste unbedingt mit Bob und Peter sprechen, bevor die zweite Halbzeit begann.

Die drei ??? trafen sich an den Toilettenhäuschen. Justus berichtete von dem angeblichen Fan mit den wilden schwarzen Locken, der ihm das Pulver in die Handschuhe gestreut hatte. »Haltet nach ihm Ausschau. Es muss der Professor sein, auch wenn er in der Verkleidung kaum zu erkennen ist.«

Bob nickte. »Skinny denkt immer noch, du würdest wegen deiner tauben Hände bald aufgeben und wartet auf seinen Einsatz. Er macht sich am Spielfeldrand warm.«

»Und die Tasche mit der falschen Figur hat er stehen lassen«, fügte Peter hinzu.

Justus überlegte. »Der Professor wird die Statue nur von Skinny entgegennehmen. Er darf auf keinen Fall wissen, dass wir ihm auf der Spur sind.«

»Aber dann müsstest du Skinny ins Tor lassen, damit er bei der Siegerehrung dabei ist«, warf Bob ein.

»Ich soll diesem Angeber freiwillig meinen Torwartposten überlassen? Niemals!«, stieß Justus wütend hervor. »Wir werden es auch so schaffen, den Gangster zu entlarven. Und ich habe auch schon eine Idee! Dazu muss ich mit Skinny reden!«

Schnell liefen die drei ??? zum Spielfeldrand, wo Skinny Dehnübungen machte. Entschlossen ging Justus auf ihn zu. »Skinny«, rief er, »mir geht es schlecht. Ich hatte letzte Nacht einen fürchterlichen Albtraum. Ein Geist hat mich verhext. Meine Hände sind ganz taub.« Justus verzog das Gesicht, als ob er Schmerzen hätte. »Deshalb habe ich den Anden-Teufeln vorgeschlagen, dass sie dich einwechseln. Aber sie wollen nicht. Sie sagen, du hättest dich neulich so unfair verhalten, dass sie lieber mit mir verlieren wollen, als mit dir zu gewinnen.«

Skinny lief feuerrot an. »Diese Dummköpfe!«

»Skinny«, sagte Justus mit flehender Stimme, »das Einzige, was ich erreichen konnte, war, dass du nach dem Spiel den Pokal auch mal in die Höhe halten darfst, sozusagen als mein Ersatzmann. Ich dachte, vielleicht hilft das gegen den Fluch, den der Geist mir letzte Nacht auferlegt hat.«

Skinnys Augen leuchteten hoffnungsvoll auf. »Aber dazu musst du das Spiel gewinnen! Sonst bekommt keiner von uns den Pokal in die Hände.«

»Ich weiß«, antwortete Justus und unterdrückte mühsam ein Grinsen. »Aber Skinny ..., dafür musst du mich in der zweiten Halbzeit des Turniers auch kräftig anfeuern, ja?«

Glück gehört dazu

Niemals hätten sich Justus, Peter und Bob träumen lassen, was in der zweiten Halbzeit des Finales der Coppa Cuichi geschah. Skinny war sofort, nachdem Justus mit ihm gesprochen hatte, davongerannt. Wahrscheinlich, um Professor Miller über die Neuigkeiten zu informieren. Jetzt stand der Erzrivale der drei ??? dicht hinter dem Tor der Anden-Teufel und feuerte Justus Jonas aus Leibeskräften an. »Bravo, Justus! Super gehalten! Du bist der Beste!« Noch nie in seinem Leben hatte Skinny Norris einen anderen Menschen lautstark unterstützt. Er rannte auf und ab, schrie sich fast die Lunge aus dem Leib und jubelte über jede gelungene Aktion der Anden-Teufel.

»Wahnsinn!«, flüsterte Bob Peter zu. »Wenn ich nicht wüsste, dass er das nur tut, weil er einen finsteren Plan verfolgt, würde ich denken, Skinny wäre ein ganz netter Kerl.«

Die zweite Halbzeit bot ein spannendes Spiel. Die beiden Mannschaften kämpften noch verbissener als zuvor um den Sieg. Peter und Bob fieberten begeistert mit. Auf einmal lief sich der Stürmer, der Justus bereits in der ersten Hälfte herausgefordert hatte, wieder im Strafraum frei. Der Abwehrschlag der Anden-Teufel reichte nicht weit genug, und plötzlich flog der Ball zurück in die rechte Strafraumhälfte. Im nächsten Augenblick fand sich Justus allein vor dem Angreifer. »Diesmal wirst du ihn nicht halten«, rief der Spieler Justus zu. Doch der konzentrierte sich mit all seinen Sinnen auf den Ball. Wie würde der Stürmer schießen? Doch dann machte dieser etwas, was Justus noch nie zuvor gesehen hatte. Er kickte den Ball mit der Hacke hoch, schoss ihn sich von hinten auf die Stirn und köpfte ihn dann lässig über Justus hinweg in hohem Bogen aufs Tor zu. Verblüfft starrte Justus Jonas dem Ball hinterher. Mit so einem Trick hatte er nicht gerechnet.

»Justus!«, brüllte Peter in diesem Moment. »Renn! Du kannst ihn noch kriegen!«

Der Anführer der drei ??? erwachte aus seinem kurzen Schock. Er flitzte los und streckte dabei die Arme aus. Aber da senkte sich der Ball genau auf die Torlinie.

»Schieß ihn rückwärts weg!«, rief Peter. »Mit dem Bein! Wie beim High Leg Kick!«

»High Leg Kick«, echote es in Justus Jonas' Kopf. Er bremste abrupt, rutschte mit den Füßen auf die Torlinie zu und riss das rechte Bein dicht unter sein Kinn. Dann stieß er den Fuß mit aller Macht unter den herantrudelnden Ball und schoss diesen über seinen Kopf zurück ins Feld.

Ein Raunen ging durch die Zuschauermenge. Skinny sprang außer sich vor Begeisterung in die Höhe. »Große Klasse, einsamer Wahnsinn! Justus Jonas, du bist ein Fußballgott!«

Doch Justus hörte gar nichts. Er stand nur wie betäubt auf und sah dem Ball hinterher. Dieser war bis zur Mittellinie geflogen, wo ihn Paolo jetzt aufnahm

und damit in die gegnerische Hälfte rannte. Und jetzt erkannte Justus, dass seine verzweifelte Abwehr seiner Mannschaft einen großen Vorteil verschafft hatte.

Außer Paolo, Leandro, dem gegnerischen Torwart und zwei Abwehrspielern war niemand in der anderen Spielfeldhälfte. Paolo hatte die Chance ebenfalls erkannt. Er spielte ab zu Leandro und lief dann weiter in den Strafraum. Leandro umdribbelte den ersten Abwehrspieler. Dann flankte er den Ball sanft auf Paolos Kopf. Wie an einer Schnur gezogen, flog der Ball von Paolos Stirn in die Maschen des gegnerischen Gehäuses. Tor!

Justus riss die Arme in die Höhe! »Tooor!«, brüllte er und fühlte, wie ihn die Freude überwältigte. »Tooor!« Er jubelte und schrie, wie er es noch nie zuvor beim Sport getan hatte. Und er tat es nicht alleine. Auch Peter und Bob tanzten vor Freude und umarmten sich hinter dem Tor.

Dann kam Leandro zu Justus gelaufen. »Das hast du großartig gemacht! Ich dachte schon, der Ball ist

drin, aber deine Abwehr war sagenhaft. Und dadurch konnten wir den Konter einleiten.«

Justus strahlte seinen Mitspieler an. »Es war auch Glück!«, sagte er. »Aber das gehört eben dazu.« Er drehte sich um und zwinkerte Peter zu. »Danke für den Tipp mit dem High Leg Kick!« Peter hob den Daumen und grinste.

Und das Glück blieb den Anden-Teufeln gewogen. Es fiel kein weiteres Tor in diesem Turnier. Und als der Schiedsrichter schließlich die Partie abpfiff, brachen die Anden-Teufel in tosenden Jubel aus: 1:0. Sie hatten die Coppa Cuichi gewonnen.

Nachspiel

Die Übergabe des Pokals fand direkt nach dem Spiel statt. Dazu stiegen die Spieler auf ein extra errichtetes Holzpodest, auf dem zuerst jeder in der Mannschaft des FC Kondor von Leandros Vater einen kleinen silbernen Cuichi an einem roten Band umgehängt bekam. Die Spieler bedankten sich höflich, aber es war ihnen anzusehen, dass sie über die Niederlage enttäuscht waren. Dennoch kam der Stürmer der Mannschaft auf Justus zu. »Du warst klasse, Keeper. Euer Sieg geht mit auf dein Konto!«

»Oh, danke!« Justus wurde rot. »Ich glaube, es war auch ein bisschen Glück dabei.«

»Schon möglich. Aber du hast mit Herz und Köpfchen gespielt. Meinen Glückwunsch.«

Dann waren endlich die Anden-Teufel mit der

Siegerehrung an der Reihe. Leandro nahm mit leuchtenden Augen den funkelnden Pokal entgegen und hob ihn stolz hoch über den Kopf! »Die Coppa Cuichi ist unser! Die Anden-Teufel, sie leben hoch!« Dann reichte er den Pokal an Paolo weiter, der nach ihm auf das Podest stieg. Alle Spieler fielen in die Jubelrufe mit ein und stiegen nacheinander auf das Podest. Als Justus schließlich an der Reihe war, suchten seine Augen nach Skinny. Dieser jubelte nicht mit, sondern holte gerade den gefälschten Cuichi und versteckte ihn unter seiner Jacke. Da er die Figur berührt hatte, würde er wegen des Eisenkrautpulvers seine Hände bald nicht mehr spüren. Ab jetzt war Eile geboten! Wo blieb nur Skinnys Auftraggeber, Professor Miller? Fieberhaft sah Justus sich im Gedränge um. Der Gangster musste in der Nähe sein, um den Austausch der Götterstatuen zu bewerkstelligen.

In diesem Moment drängten sich Peter und Bob an Justus heran. »Miller steckt unter dem Podest«, flüsterte Peter. »Es ist tatsächlich der dicke Mann mit den schwarzen Locken, der dir das Pulver in die Handschuhe geschüttet hat.«

»Das heißt, Skinny wird ihm die gefälschte Statue irgendwie nach unten reichen. Achtet auf jede Bewegung!«, zischte Justus. Dann winkte er Skinny herbei. »Los, Skinny, du bist dran. Wie versprochen, darfst auch du als Ersatzmann den Pokal einmal in den Händen halten.«

Skinny grinste und kletterte auf das Podest. Im selben Moment sah er auf seine Hände. »Ich habe ganz taube Finger«, murmelte er entsetzt. »Hilfe!«

Justus sah ihn streng an. »Was für ein Zeichen sollst du dem Professor geben, wenn du den Pokal in der Hand hältst? Los, Skinny, raus mit der Sprache!«

Skinny wurde bleich. »Du weißt von dem Professor?«

»Ja. Und du wirst erst wieder etwas in deinen Händen fühlen, wenn du mir alles sagst.«

Skinny sah kläglich aus. »Ich soll rufen: Wir haben gewonnen! Das ist das Zeichen für Professor Miller. Dann soll ich den echten Pokal fallen lassen und den falschen unter der Jacke hervorziehen.«

»Dann los!«, befahl Justus. »Allerdings lässt du den falschen Pokal fallen. Den echten behalte ich!«

Skinny nickte kleinlaut. »Gewonnen«, brüllte er dann und zog den falschen Pokal hervor. »Wir haben gewonnen!« Im nächsten Moment gab der Boden unter ihm nach.

»Das Podest stürzt ein!«, rief Bob.

»Es gibt eine Falltür«, keuchte Peter. »Das war der Plan des Professors!«

Unter dem Podest stand der Professor und fing den Pokal auf, den Skinny fallen gelassen hatte. »Gut gemacht!«, zischte er. »Lass dir jetzt wieder hoch helfen und gib der Mannschaft den falschen Fußballgott! Wir treffen uns später. Dann bekommst du deine Belohnung.«

Skinny klammerte sich mit seinen tauben Händen verzweifelt an die Kante der Falltür und wand sich wie eine verrückt gewordene Luftschlange.

»Haltet den Dieb!«, rief Justus in dem Moment und deutete auf den Professor, der sich durch einen Vorhang auf der Rückseite des Podests davonstehlen wollte. Sofort umringten ihn einige Zuschauer und verhinderten seine Flucht.

Peter sprang schnell auf das Podest, packte den Erzrivalen der drei ??? und zog ihn am Kragen auf die Beine. »So, Skinny, das falsche Spiel ist aus!«

»Professor Miller!«, jaulte Skinny kläglich. »Warum haben Sie mich denn betäubt? Das verstehe ich nicht. Das wollten Sie doch nur mit dem Dickerchen machen!«

»Was redest du denn da, dummer Bengel!«, fuhr der Professor Skinny an. »Ich kenne dich nicht.«

Skinny schnappte nach Luft. »Aber Professor, ich sollte doch 100 Dollar bekommen, dafür dass ich Ihnen bei dem Diebstahl helfe.«

Plötzlich wurde der Professor bleich. »Was ist mit meinen Händen? Ich fühle nichts mehr.«

Justus sah ihn lächelnd an. »Keine Sorge, Professor Miller. Die lähmende Wirkung vergeht in etwa einer Stunde.«

Der verkleidete Professor schrie auf. »Ihr habt dafür gesorgt, dass ich mit meinem eigenen Pulver aus blauem Eisenhut in Berührung gekommen bin?!«

Bob nickte. »So ist es. Und da Sie von dem Pulver wissen, haben Sie sich gerade selbst überführt.«

Miller sah sich hastig um. »Ich habe damit nichts zu tun. Ich bin unschuldig. Ich weiß nicht, wovon die Kinder reden.«

»Doch!«, sagte in diesem Moment eine tiefe Stimme hinter ihm. »Nur der Täter kann wissen, was es mit diesem Eisenhut-Pulver auf sich hat. Und ich bin sicher, in Ihrem Haus werden wir noch jede Menge von dem Teufelszeug finden!« Kommissar Reynolds war in der Menge aufgetaucht und ließ ein paar Handschellen um die Handgelenke von Professor Miller klicken. Dann zog er ihm die schwarze Perücke ab, und der Glatzkopf kam zum Vorschein. »Gut, dass ich in der Nähe war, um für Ordnung zu sorgen«, sagte Reynolds und zwinkerte den drei ??? zu.

Justus nickte erleichtert. Dann rief er: »Professor Miller, Sie haben Skinny Norris beauftragt, die Figur des Fußballgottes Cuichi gegen eine Fälschung auszutauschen, um das Original zu stehlen.«

»Er hat gesagt, er sei ein großer Fan der Anden-Teufel und wolle sich den Pokal nur einmal in Ruhe ansehen«, rief Skinny.

»Und deswegen organisiert er gleich eine Fälschung? Du bist entweder ein riesiger Dummkopf oder ein Lügner, Skinny«, sagte Peter.

»Kommissar Reynolds«, schlug Justus vor, »nehmen wir einfach an, Skinny ist ein Dummkopf. Er ist mit seinen tauben Händen gestraft genug.«

Kommissar Reynolds nickte. »Na gut, Skinny, geh nach Hause und denk darüber nach, ob du noch mal Betrügern bei ihren bösen Machenschaften helfen willst.« Das ließ sich Skinny nicht zweimal sagen. Er drehte sich um und rannte blitzschnell davon.

Dann drückte Justus Leandros Vater den echten Pokal des Cuichi in die Hände. Aber dieser gab ihn

Justus sofort zurück. »Justus Jonas, du und deine Freunde habt heute unseren wertvollen Cuichi aus den Händen eines bösen Mannes gerettet. Damit hat sich die alte Legende bewahrheitet.«

»Er darf die Figur nicht anfassen! Das bringt Unglück«, keifte plötzlich Professor Miller. »Keiner, der nicht zu den Anden-Teufeln gehört darf den Gott mit bloßen Händen berühren!«

Justus hielt den Pokal noch einmal gelassen in die Höhe. »Ich erhebe Cuichi als Torwart der Anden-Teufel, für den Sieg in der Coppa Cuichi!«

Die Menge jubelte und klatschte begeistert. Der Kommissar aber packte Professor Miller an der Schulter und führte ihn ab. Hinter seinem Rücken strahlte Justus Peter und Bob an. Da erschienen plötzlich auf den Gesichtern der drei ??? zwei kleine Regenbögen, die prächtig funkelten. Staunend sahen die Spieler der Anden-Teufel in den Himmel. Doch dort war kein einziger Regentropfen zu erblicken.

»Es sind die Steine in der Statue, die den Regenbogen leuchten lassen«, rief Leandros Vater. Glücklich sah er Justus, Peter und Bob an. Und wirklich, es war das Sonnenlicht, das sich in den bunten Steinen der Statue Cuichis brach und sich bunt schimmernd in den Gesichtern der drei ??? spiegelte.

BORIS PFEIFFER ist 1964 geboren, im selben Jahr wie *Die drei ???*. Er arbeitete zunächst als Theaterregisseur und studierte Drehbuchschreiben. Neben zahlreichen *Die drei ??? Kids*-Bänden hat er *Unsichtbar und trotzdem da!*, *Die Akademie der Abenteuer*, *Das Wilde Pack* und einige Jugendromane geschrieben. Seine Bücher sind bislang in acht Sprachen übersetzt. Seit 2012 gibt es in Eberswalde die *Boris-Pfeiffer-Schulbibliothek*. Zusammen mit den Kids-Clubs der deutschen Fußballbundesliga, der Stiftung Fairchance und den Berliner Schulpaten setzt er sich für die Verbesserung der Lesefähigkeiten von Kindern ein.
Mehr über Boris findest du unter **borispfeiffer.de**

KIM SCHMIDT ist Comiczeichner und Illustrator. Er hat mehrere Kinderbücher illustriert und arbeitet seit Band 22 als Illustrator für *Die drei ??? Kids*. Darüber hinaus gibt er Zeichenkurse für Kinder und Jugendliche und hat mehrere Comiczeichnen-Lehrbücher für Nachwuchszeichner geschrieben. Er ist verheiratet, hat zwei Kinder und lebt und arbeitet in Dollerup/Schleswig-Holstein.
Mehr über Kim Schmidt findest du unter **kim-cartoon.com**

Ihre großen Fälle!

- ☐ Panik im Paradies
- ☐ Radio Rocky Beach
- ☐ Invasion der Fliegen
- ☐ Chaos vor der Kamera
- ☐ Flucht in die Zukunft
- ☐ Gefahr im Gruselgarten
- ☐ Gruft der Piraten
- ☐ Nacht unter Wölfen
- ☐ SOS über den Wolken
- ☐ Spuk in Rocky Beach
- ☐ Fußballgötter
- ☐ Falsche Fußballfreunde
- ☐ Der Weihnachtsdieb
- ☐ Die Laser-Falle
- ☐ Der Fußball-Roboter
- ☐ Gefährlicher Nebel
- ☐ Turbo-Rennen
- ☐ Die Delfin-Piraten
- ☐ Fußball-Diebe
- ☐ Tatort Skater-Park
- ☐ Falscher Alarm
- ☐ Riesen in Rocky Beach
- ☐ Schatz aus dem All
- ☐ Im Geistergarten
- ☐ Flug ins Nichts
- ☐ Gefahr im Spiegelkabinett
- ☐ Spuk im Leuchtturm
- ☐ Die Geistermühle
- ☐ Falsche Vampire
- ☐ Geheime Zeichen
- ☐ Der Schrottkönig
- ☐ Die Fragezeichen-Falle
- ☐ Die Geisterpferde
- ☐ Football-Falle
- ☐ 100 Stunden
- ☐ Geistermusik
- ☐ Spur der Tresorknacker
- ☐ SOS im Bike-Park
- ☐ Teuflische Küche
- ☐ Fiese Fälscherbande
- ☐ Miese Doppelgänger
- ☐ Fußball-Spione

kosmos.de/diedreifragezeichenkids

Weitere Bände der Reihe sind als E-Book erhältlich.

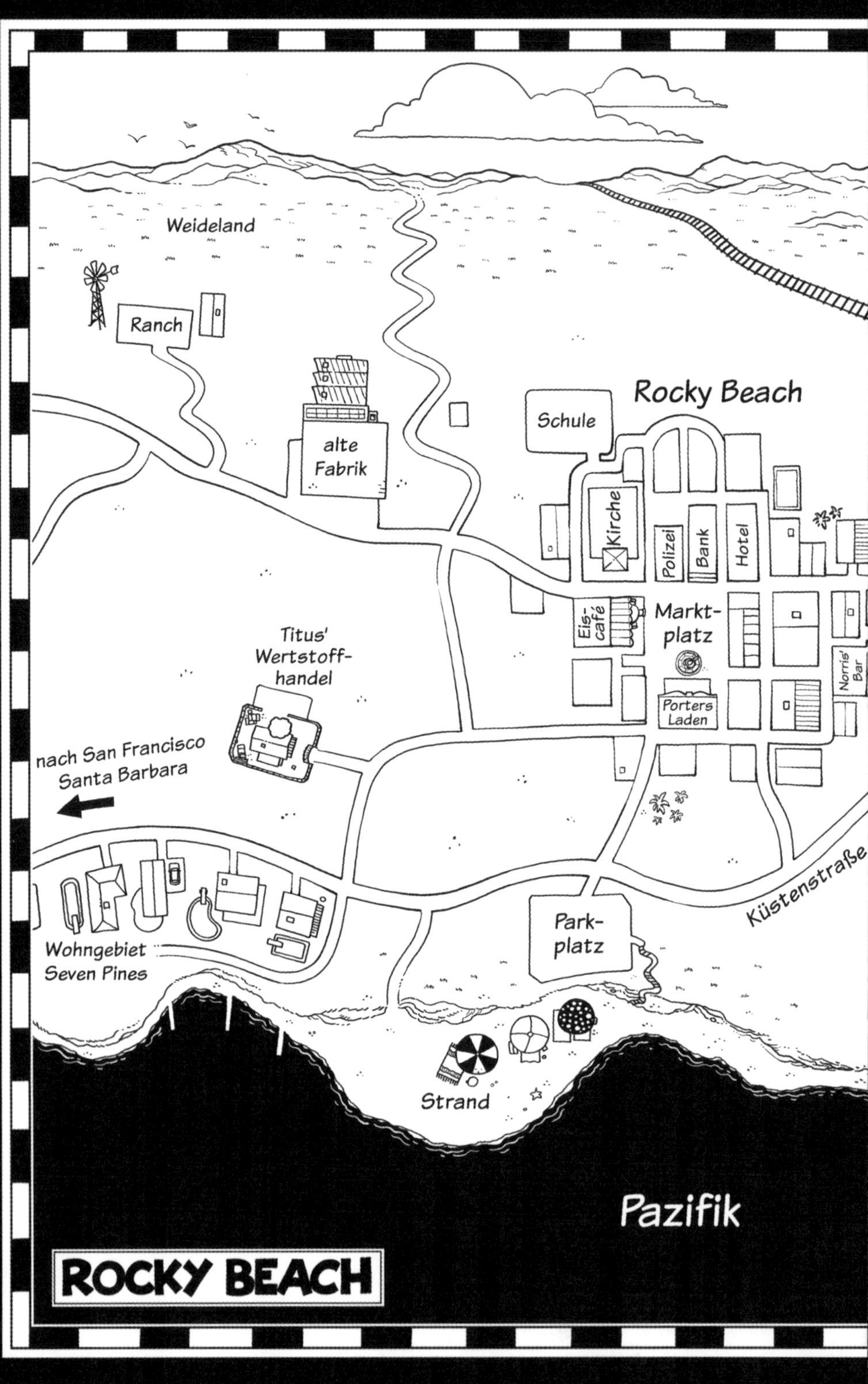
Weideland
Ranch
alte Fabrik
Schule
Rocky Beach
Kirche
Polizei
Bank
Hotel
Eis-café
Markt-platz
Norris' Bar
Porters Laden
Titus' Wertstoff-handel
nach San Francisco Santa Barbara
Küstenstraße
Park-platz
Wohngebiet Seven Pines
Strand
Pazifik
ROCKY BEACH